David Trueba (Madrid, 1969) ha desarrollado una exitosa carrera en el cine y la literatura. Es autor de las novelas *Abierto toda la noche*, *Cuatro amigos*, *Saber perder* (Premio de la Crítica), *Blitz*, *Tierra de campos* y *Queridos niños*, todas ellas en Anagrama, así como de los ensayos *La tiranía sin tiranos* y *Ganarse la vida*, incluidos en esta colección.

Mi 69

David Trueba nos lleva a 1969, el año en el que nació y «símbolo definitorio de todos los viceversas». Asomado al mundo desde el vientre de su madre, describe el lugar al que está a punto de llegar como benjamín de una numerosísima familia: la evolución de los suyos y de esas barriadas desbocadas y en transformación, y también el eco de lo que sucede más allá de la España de los últimos años de la dictadura, como una nueva manera de hacer cine, literatura o música que terminará marcando su vida. El autor busca las claves de su educación sentimental y, con su inconfundible naturalidad, dibuja el retrato de una época y una generación.

Mi 69

David Trueba

Mi 69

editorial anagrama

Primera edición: octubre 2025

Diseño de la colección: lookatcia.com

Pau Claris, 172
08037 Barcelona

ISBN: 978-84-339-4789-5

Depósito legal: B. 8312-2025

Printed in Spain

Liberdúplex, S. L. U., ctra. BV 2249, km 7,4 - Polígono Torrentfondo
08791 Sant Llorenç d'Hortons

Desde temprana edad, Virginia comprendió algo de la magia de la amistad, la intimidad peculiar que poseen quienes tienen lenguajes privados, chistes privados, quienes han jugado en la penumbra entre las piernas y las faldas de los mayores, debajo de la mesa.

QUENTIN BELL, en la biografía de
su tía, la escritora Virginia Woolf

1.

A veces pienso que este es un libro imposible de escribir. Porque solo sé escribir de lo que conozco, y aquí pretendo hablar del lugar al que llegué, en el que crecí, en el que me hice. Pero que no era un lugar mío, sino un lugar de acogida. En ese libro intentaría contar las cosas que me hicieron ser lo que soy, ajenas a mis méritos y mis carencias. Es por tanto un libro físicamente imposible. Ya desde la primera línea, que diría así: Fui concebido en la madrugada del primero de enero de 1969.

Fui concebido en la madrugada del primero de enero de 1969. «El pueblo español tomó jovialmente las doce uvas», era el titular de un periódico vespertino al día siguiente. En mi casa también sería jovial la noche, seguro. De hecho, esa jovialidad, con una chispa de euforia etílica, quizá estuviese detrás de mi concepción. Lo que no hubo detrás fue un cálculo de pareja. Me arriesgo a afirmarlo. Lo advierto ya: aquí voy a contar muchas cosas que intuyo, que interpreto y que imagino. Yo solo sé escribir ficción, porque, entre otras cosas, estoy convencido de que escribir, desde el instante mismo en que se emprende la tarea, equivale a sumergirse, en todas las formas posibles, incluso la forma documental, en la ficción.

Mis padres no eran demasiado inocentes ni demasiado jóvenes aquella noche. Ella tenía treinta y seis años y mi padre cincuenta y dos, edades en las que uno conserva apenas un rescoldo de eso que definimos como pureza. Sumaban por entonces ya siete hijos. El mayor cumpliría en ese nuevo año de 1969 los dieciocho. El más pequeño, al que mi llegada convertiría definitivamente en el penúltimo, tenía aquel enero exactamente medio año. En el futuro, mi madre siempre nos insistiría: «Si alguna vez escucháis a alguien decir que una mujer no puede quedarse embarazada cuando está dando el pecho a otro hijo, decidles de mi parte que es mentira».

A mi madre le habían aconsejado, tras el

parto de su segundo hijo, que en marzo de aquel 1969 cumpliría dieciséis años, que renunciara a tener más. Unas complicaciones en la expulsión de la placenta rozaron la tragedia en aquel nacimiento casero. Entonces en España las mujeres morían aún al dar a luz en porcentajes propios de un país subdesarrollado. Pese a los consejos médicos, mis padres tentaron a la suerte. Y tuvieron un tercero, mi hermano Fernando, que en esos días de enero en que yo arrancaba mi existencia celular estaba a punto de cumplir los catorce. Ellos eran los tres mayores: Juanjo, Máximo y Fernando, los tres que formarían para siempre una unidad familiar propia, de lealtad mosquetera, pues tras ellos se produciría una larga pausa en la llegada de nuevos hijos. Exactamente seis años.

¿Qué pasó en aquellos seis años de *intermezzo*? Como hormigas laboriosas, después de vaivenes y traslados, mis padres lograron lanzarse a la compra de un piso en la calle Lorenza Correa, en la zona baja de un barrio madrileño llamado Estrecho entonces por crecer en aluvión. Soy hijo de ese progreso, que fue un progreso caótico del país entero. En aquel paréntesis de seis años mis padres tuvieron tiempo de organizar el nuevo piso como una casa de huéspedes con la que redondear sus escasos ingresos y de olvidarse de la advertencia médica sobre los peligros de nuevos embarazos. Pasada esa tregua, tendrían en poco más de ocho años los cinco hijos que completamos la familia. Nosotros seríamos algo así como la segunda camada. Una familia entretejida en dos grupos consolidados: los mayores y los pequeños.

Las familias numerosas no eran excepcionales entonces. Todo lo contrario. A la curva ascendente de nacimientos se le sumó, a partir de 1960, el descenso de la mortalidad y una disminución de la emigración forzosa. Cuando Franco entregó en marzo el Premio Nacional de Natalidad de 1969, yo arrancaba mi tercer mes de gestación. Recayó en una pareja de labradores canarios que había tenido diecinueve hijos, de los que vivían todos menos uno en el momento en que acudieron a la recepción en el palacio de El Pardo. Durante toda la década de 1960, la tasa de natalidad superó los 20 nacimientos por cada mil habitantes, con una media de casi tres hijos por mujer. Fue precisamente a partir de 1969 cuando comenzaría la desaceleración que se prolonga hasta nuestros días. El 69 fue el primer año en más de una década en que el índice de nacimientos apenas superó el 19 por mil. En 1979 superaría por poco el 16 por mil y cuando escribo estas líneas está por debajo del 7. Las mujeres españolas tienen de media un único hijo, y más o menos a la edad en que mi madre me tuvo a mí, el último de sus ocho. Nací pues en un tiempo en el que tener un niño era casi una vulgaridad, nada que ver con un acto planificado y racional, y eso me ha hecho ser bastante prudente a la hora de darme importancia.

Cuando digo que imagino a mis padres durante mi concepción, tengo que admitir que enfrento las mismas dificultades que experimenta todo el mundo a la hora de visualizar a sus progenitores como amantes activos. Creo que, por pudor, nos tranquiliza esa pretensión de estar aquí gracias a un milagro bíblico y no a un estímulo más carnal.

Mi padre tenía una pariente del pueblo que había triunfado con unas pescaderías y que por Navidad les regalaba un besugo. El besugo era el regalo más relevante en nuestras Navidades. Íbamos a casa de esa tía segunda, ya anciana, y al marchar, y regocijándose de vernos a todos tan crecíditos y educados, les entregaba a mis padres el besugo. Mi padre se dedicaba a vender pólizas de seguro del Ocaso. Le iba bastante bien, especialmente cuando empezó también a vender joyas, muebles de cocina, electrodomésticos, ropa y relojes a su clientela, familias modestas de Aravaca. Rentabilizaba el margen entre el precio de venta que le hacían en determinadas tiendas de confianza y el coste final que repercutía en los compradores que le pagaban en asequibles plazos. Esa seguridad en sus dotes comerciales le había convencido, al cumplir los cincuenta años, de prejubilarse del cuerpo de la Policía Armada del que había formado parte. La propia institución, quizá mi padre supo intuirlo, desaparecería tras la muerte de Franco reconvertida en el Cuerpo Nacional de Policía.

Mi padre era popular y carismático, templaba su fuerte carácter con muestras espontáneas de hombre afable, generoso y atento. Mis padres se llamaban papá y mamá entre ellos, rendidos al anonimato de su cargo por la dinámica diaria entre tantos hijos. En la Nochevieja de 1968 cenaron el besugo y festejaron con peladillas y turrón, algún polvorón, y a modo de *champagne* descorcharon alguna botella de sidra El Gaitero, el único lujo asequible para ellos, que aún compraban en el economato para guardias de la Dehesa de la Villa.

Los dos pequeños, mi hermana Maribel y mi hermano Jesús, ya estaban dormidos cuando dieron las doce. Imagino que sería esa euforia de la sidra la que, una vez acostados en su dormitorio, llevaría a mi padre a ponerse retozón y, entre bromas y resistencias, con un gesto apasionado, a levantarle el faldón del camisón a mi madre. Mucho ruido no podían hacer con el niño en la cunita pegada a su cama, por el lado de mi madre, claro. Me imagino que serían unos cuantos arreones, sin caricias excesivas ni carantoñas arrulladoras ni palabras ardientes, casi como quien sella una instancia.

Me lo imagino así porque muchos años después, un día en el que mi padre se desesperaba porque todos sus hijos le llevábamos siempre la contraria en alguna discusión, se atrevió a maldecir su destino del siguiente modo: «Y todo esto por culpa de tres minutos de placer». Mi padre tenía esas ingeniosidades de tanto en tanto, porque sabía manejar el humor en los momentos de tensión. Pero por el modo en que mi madre sonrió me temo que la medida de los minutos de placer asociados a la concepción de su prole no iba demasiado desencaminada.

La noche en que fui engendrado no pasará a la historia de los coitos, pese a que a lo largo de aquel año 69, año del amor, algunos coitos se convertirían en antológicos. Los espermatozoides de mi padre, parece que los estoy viendo, se portaron de manera entregada y vital, pese a que pertenecían a un hombre de cincuenta y dos años. Los óvulos de mi madre no fueron esquivos: al borde de sus treinta y siete años estaba agobiada de obligaciones, pero conservaba una lozanía admirable. Era de una belleza que aún le ganaba esos piropos toscos que propinaban por la calle los hombres a mujeres y niñas. Cuando se lavaba el pelo y lo soltaba de la coleta habitual o el moño de faena, incluso sus hijos más mayores percibían su radiante feminidad.

Mis padres se habían conocido por el azar cruel de la Guerra Civil. Él había llegado a Madrid al terminar la contienda, con un pasado gris de combatiente franquista. Estaba a punto de cumplir veinte años cuando se produjo el levantamiento militar contra la República. En su pequeño pueblo de Tierra de Campos pasó una camioneta para recoger voluntarios dispuestos a defender la propiedad de las fincas de labor y a la Iglesia católica, y mi padre, que no podía tener dudas de que aquellos eran los dos pilares sobre los que se sustentaba la realidad que conocía, se subió a ella dispuesto a luchar por sus valores. Además tenía ya un hermano en el frente, padre de dos hijas, y su alistamiento lo dispensaría y le permitiría volver a casa. Puede que en otro rincón de España las cosas fuesen de otra manera –así se adscribieron al bando contrario obreros y jornaleros–, pero entre los pequeños propietarios de campos de cereal se dieron de este modo.

Mi padre tan solo había podido vislumbrar una oportunidad de vivir algo diferente a la existencia del agricultor cuando le enviaron al seminario tras el paso por la escuela del pueblo. Tenía entonces doce años, y su partida aliviaba a la familia de alimentar una boca más. Aquella porción de cultura que adquirió en el seminario ya nunca la olvidaría. Consistía en algunas frases en latín y una precisión gramatical y ortográfica que él convertiría en banderas que ondeaba orgulloso y que nos impuso a los hijos con dictados puntillosos y cachetes correctivos. Pero mi padre dejó aquellos estudios cuando cumplió los dieciséis años y regresó al pueblo. Lo mágico es que abandonara la vocación religiosa en los mismos días exactos en que nació mi madre, en aquel final de curso de junio de 1932. Jamás sostendría yo que estaban predestinados el uno al otro, más bien todo lo contrario, pero acabaron juntos, así es la vida.

Mi madre nació en una familia completamente distinta a la de mi padre. Los suyos regentaban una tienda de ultramarinos en la ciudad de Santander, en la entonces llamada calle Segismundo Moret. Después de una corta emigración que los otros hermanos Trueba prolongarían en Cuba, mi abuelo José regresó a Cantabria. Se casó en 1926 en Hoz de Anero con una mujer llamada Palmira Solana, cuya edad iba con el siglo, y tuvo hijos con ella. Cuatro les vivieron: dos chicos y dos chicas. Mi madre, de hecho, nació cuando una hermana mayor estaba a un paso de la muerte. Le pusieron Palmira también, como a ella, a la espera de que la hermana desahuciada terminara muriendo. Durante algunas semanas, dos niñas se llamaron igual en aquella casa, lo cual no deja de ser perturbador. Su nombre completo era Amalia Palmira, pero, desde niña hasta la vejez, para los suyos fue siempre Palmirín, igual que su madre era doña Palmi, con esa maravillosa gradación cántabra para los diminutivos. Mis abuelos tenían una tienda de ultramarinos llamada Los Perales que servía en un carro la compra a los mejores clientes, incluida, dicen, la Casa Real cuando se hospedaba en Santander. Del carro tiraba un caballo que el empleado Onofre, mi madre y su hermano mayor, Pepín, iban a lavar algunas mañanas a la playa de El Sardinero.

Mis padres se conocerían ya emigrados ambos a Madrid. Fue en el barrio de Argüelles. Ese día en el que se cruzaron por primera vez, mi padre tenía veinticinco años y mi madre nueve. Ella era la criada de su propia madre, propietaria y regente de una casa de huéspedes. Mi abuela, que había sido la niña mimada en su familia, se había venido a Madrid al quedar viuda y ser repudiada por la familia de su marido. Al principio se instaló en la calle Marqués de Urquijo, pero le molestaba el ruido de la campana del tranvía 49 y se trasladó a una calle a la que le habían quitado el nombre de Juan Álvarez Mendizábal para bautizarla como Víctor Pradera, en honor de un mártir de la contienda. A su marido, mi abuelo, lo mataron en la sangrienta ola de terror que sucedió al levantamiento militar. Mi madre tenía entonces tan solo cuatro años. Mi abuelo se llamaba como un primo cura al que buscaban los milicianos por Santander. Lo retuvieron a la espera de que este se entregara a la autoridad, pero el cura ya estaba escondido y nunca se presentó, nadie podría culparle. Uno de los hermanos de mi abuelo, que no tenía hijos, sí fue a ofrecerse al campamento miliciano para que lo retuvieran a él y soltaran a mi abuelo. Ninguno de los dos regresó ya jamás a casa. Hay algo de esa crueldad feroz que me enseñó para siempre en lo que pueden convertirse los hombres. Hay demasiadas cosas que están ahí cuando naces, pero ese pavor al enfrentamiento violento que arrasa con todo me habitó antes incluso de entenderlo.

Mi abuela repartió temporalmente a sus niños entre sus hermanas Mariana y Pilar, hasta que se rehízo en Madrid de la tragedia y montó el negocio de la casa de huéspedes. Al cabo de algunos meses, a mi madre le dieron a elegir entre irse con ella a servir o quedarse con esos tíos amorosos que la habían acogido. Con ellos, estuvo siempre convencida, habría podido ir al colegio, habría sido una niña protegida y cuidada. Cada vez que visitábamos a aquellos tíos, Ramón y Pilar, rebrotaba entre ellos y mi madre una corriente de amor de una intensidad emocionante. Ella recordaba que, cuando a su tío le dijeron que la pequeña se marchaba finalmente con la madre a Madrid, lloró con amargura mientras le repetía a su mujer: «Nos quitan a la niña, nos quitan a la niña».

Mi madre eligió reunirse con su madre. Un primer signo de la lealtad que marcó su vida. Lealtad incluso contra sus propios intereses. Debió de arrepentirse mil veces, porque intuía que de haber sido otra la elección su destino sería distinto, pero entonces los niños de seis o siete años tenían unas obligaciones que los de hoy no alcanzarían ni a imaginar. Nadie era dueño de su vida. Si algo había cambiado entre la posguerra y la época en la que yo vine a nacer fue precisamente eso: alcanzar a sentirse con cierta plenitud dueño de un destino propio. Ni mi padre ni mi madre gozaron de ese privilegio. A ellos, como a casi todos en su generación, se les diseñó la vida sin preguntarles. Y por ese contraste les tuve siempre un respeto inamovible y sólido.

En la casa de huéspedes en la que mi padre se fue a instalar por recomendación de un amigo, la figura femenina fuerte y notable era mi abuela. Mi padre venía de una larga convalecencia de herido de guerra, un lance afortunado que, en la provincia de Lleida, le separaría definitivamente del frente y lo desviaría hacia hospitales y retaguardias donde pudo conservar la vida, pese a arrastrar una mano mutilada para siempre. Allí alumbró la lucidez que lo llevaría a referirse en toda ocasión a la guerra no tanto como un enfrentamiento de ideologías, sino como una salvajada. Sin apenas hablar de ello, nos transmitió un desprecio firme hacia esa atrocidad.

La foto juvenil de mi padre en su carnet de Falange es la de un desconocido, más parecido a mi hermano Javi que al padre que yo traté. Atractivo, recio, decidido, pero con una boca de labios finos que delatan su fragilidad. La fecha de admisión habla a las claras de su urgencia por alistarse: el 20 de julio de 1936, al día siguiente de que llegara la noticia del alzamiento militar. Guardo ese carnet de tapas rojizas porque él mismo me lo regaló, con una nota escrita de su letra poderosa que firmó como «tu padre» y que decía así, directo y sincero: «Para mi hijo David como recuerdo de mis años de ignorancia». Así era mi padre.

Su aventura más destacada en el frente tuvo lugar el primer día. Lo condujeron desde Valladolid hasta el centro de reclutamiento, con destino al Alto del León, donde combatiría en esos inicios de la guerra. Contaba que de camino a Segovia vieron pasar una comitiva en la que viajaba el líder derechista radical y partidario de la acción violenta Onésimo Redondo. Los rebeldes lo habían liberado de la cárcel al tomar Ávila al día siguiente del levantamiento militar. Pocas horas después, mi padre recordaba verlo pasar de vuelta, pero ahora tumbado en la trasera de un coche balilla ya cadáver y cubierto por una manta. Era el 24 de julio, no había pasado aún una semana desde el inicio de la guerra y la sangre ya corría desbordada.

Mi abuela, de cuarenta y pocos, y mi padre, de veinticinco pero ya de pelo canoso, tendrían muchas cosas que compartir cuando se conocieron acabada la guerra en Madrid. No así mi madre, una niña de nueve años con tirabuzones rubios a la que llamaban Deanna Durbin por su parecido con una actriz del Hollywood de entonces, tan famosa y admirada que cuentan que Ana Frank tenía colgada una foto de ella en la pared de su escondite en Ámsterdam. La rubita, como también llamaban a mi madre, no fue al colegio jamás, pero aprendería Corte y Confección ya en Madrid. Obtuvo el diploma con trece años y se puso a darles clases a las vecinas y a diseñarles vestidos de encargo a imitación de los que aparecían en las revistas que relataban, por ejemplo, la boda de Evita Perón, modelo de belleza e influencia de aquellos tiempos.

El hermano mayor de mi madre, Pepín, que moriría de tuberculosis en 1966, le había regalado antes de irse a trabajar de panadero a Cantabria una pulsera semanario, y cuando le abría la puerta a mi padre él siempre le decía en broma, al oír tintinear las medallitas doradas: «Ya está aquí la chatarrera». Mi padre traía una caja enorme de huevos cuando volvía de su pueblo a la capital, y un día mi madre se subió encima para asomarse a la ventana y los chafó todos. Se armó una gran escandalera, aunque acabaron usándolos para el ponche. Mi padre dejaría la casa de huéspedes unos meses después y se iría de Madrid tras esa primera estancia turbia y cubierta de desmemoria. Contaba que años después, al volver a la capital, vio por la calle de aquel barrio de Argüelles a una quinceañera rubia a la que reconoció por la pulsera de medallitas doradas. Efectivamente, era Palmirín. «Hola, ¿te acuerdas de mí, chatarrera?» «Claro, eres Rodri», diría ella, pues aquel era el nombre con el que llamaban a mi padre en la pensión, reducción también cántabra del Rodríguez de su primer apellido. Le contó a mi madre que había regresado a Madrid para buscarse la vida, y de ese modo volvió como inquilino a la pensión de mi abuela. No por mucho tiempo.

El día en que mi padre le pidió salir, mi madre lo consultó con la abuela. La mujer no se opuso, pero le exigió a mi padre que si comenzaban un noviazgo debía instalarse bajo otro techo, precaución razonable en cualquier tiempo y lugar. Mi madre nunca entendió del todo que su madre le diera permiso para salir con aquel hombre, dieciséis años mayor que ella. Quizá no oponerse frontalmente era una estrategia para dejar que aquel enamoramiento languideciera sin dramas. Ninguna de las dos tuvo en cuenta un detalle: mi padre tenía prisa por arrancar su nueva vida.

Es evidente que tras los sucesos de la guerra, recientes en su memoria, mi padre buscaba la pureza virginal de una mujer por hacer. ¿Qué no habría visto en aquellos altos del frente, entre balas, trincheras, ciudades arrasadas, hospitales de campaña, pelotones de fusilamiento y hambre? Nadie sabe lo que pensó mi abuela, que se opuso al matrimonio de manera tenaz e hiriente, señalando entre otras cosas la evidencia de que su hija no mejoraría en nada su calidad de vida casándose con un don nadie. Porque eso era mi padre para ella y para cualquiera que se lo cruzara entonces, un don nadie. Soy hijo de un don nadie y una doña nadie, y admiro esa condición. Mi abuela le diría un día a mi madre: «Ya ves, has pasado de ser criada en mi casa a ser criada en casa de tu marido. Si tanto te quisiera, no te habría hecho ocho hijos». Fue en alguna tarde aciaga de recriminaciones, pero mi madre lo recordaba muchos años después sin acritud. Las relaciones humanas eran en aquel tiempo un baúl de silencios y sombras. ¿Cuándo no?

Mis padres vivieron un noviazgo con carabina; iban a bailar de tanto en tanto a la verbena de San Antonio y hasta se atrevieron a ir al cine a ver *Gilda*, considerada pecaminosa por las autoridades católicas, guardianas fervorosas del rigor moral que llegarían a excomulgar nada menos que a Elizabeth Taylor, con la que mi madre se llevaba tan solo cuatro meses. La actriz estaba ya en trámites de su primer divorcio del heredero de los Hilton mientras mis padres preparaban su boda, y a lo largo de sus vidas, ella con sus siete maridos y mi madre sin una sola aventura para probar algo fuera del lecho conyugal, representarían dos existencias antitéticas de una misma época.

Se casaron en enero de 1951, con sol. Pero el sol de invierno es engañoso y poco duradero. A mi abuela tuvo que convencerla un cura. Lo fueron a buscar mi padre y un amigo íntimo que había hecho la guerra con él porque era del pueblo de al lado y que se prestó a hacer de intermediario para conseguir la autorización materna, condición para el casamiento de la chica antes de cumplir los veintiún años de rigor. La elección de la iglesia no se debió a ninguna cábala, sino que era la más cercana a la casa de huéspedes de mi abuela. Estaba en la calle de la Princesa, y cada vez que mi madre pasaba conmigo por delante se lamentaba de que la iglesia original hubiera sido derribada en 1975 para perpetrar una reconstrucción que a ella siempre le resultó demencial.

En el día de la boda de mis padres, la iglesia de Nuestra Señora del Buen Suceso aún mostraba los daños causados por la guerra, pero más llamativo era que hubiera recibido ese nombre por una aparición de la Virgen que había tenido lugar en 1594. Es interesante detenerse en ello. Una monja concepcionista aseguró que la Virgen le predijo, a finales del siglo XVI, que cuatrocientos años después, es decir, en la segunda mitad del siglo XX, caeríamos en la corrupción moral generalizada, la profanación del sacramento del matrimonio, con sacerdotes pervertidos que escandalizarían a los fieles y causarían sufrimiento a los buenos alumnos con su lujuria desenfrenada. Todo esto conllevaría la pérdida de la inocencia entre los niños, así como la falta de vocaciones sacerdotales y religiosas. Nunca entenderé por qué esta profecía ha caído en el olvido, si el tiempo la ha refrendado de manera literal en todos sus términos.

Mis padres, después del buen suceso de su boda, se fueron a vivir a una habitación con derecho a cocina en la calle Joaquín María López. Allí los acogía una señora con asma que había perdido un hijo durante el embarazo. Se llevaba tan mal con el marido que iban en días diferentes a visitar la tumba del niño, y uno quitaba las flores que había dejado el otro. Al poco, mi padre descubrió que por la herida de guerra le correspondía una portería, y la encontraron muy cerca, en la calle Doctor Santero 4. Era un bajo que daba a un patio trasero, sin baño, con solo una letrina. Mi padre iba a ducharse a la casa de baños de Cuatro Caminos. El traslado a ese lugar sería una decisión trascendente para mí, de una resonancia absoluta, pues ya nunca saldríamos del barrio y aquella plaza sería el centro de la ciudad de mi infancia y juventud. En aquellos contornos me pasaría todo lo importante. He ahí la trascendencia de las decisiones que han tomado por ti cuando llegas al mundo. Siempre he despreciado a esos que presumen de ser tipos hechos a sí mismos. Todos somos fruto de mil factores, muchos de los cuales ya están ahí esperándonos al nacer.

El año en que se casaron, 1951, culminaría de manera feliz en diciembre con la llegada de su primer hijo. Mi hermano Juanjo me sacaría dieciocho años, los mismos que se llevaba con mi madre. Una distancia que se suspendería eternamente de una manera trágica cuando él apenas tenía veintisiete años, pero esa es otra historia. Sin apenas tiempo para llevar la cuenta, mi madre cumplió veintidós años y se encontró con tres hijos varones, mis tres hermanos mayores. Pasó de jugar con muñecas a jugar con sus propios hijos sin apenas transición. Bueno, sí, hubo una transición. Al menos una escena que a mí siempre me resultó muy significativa.

Mi padre contaba que, recién casados, un día trajo como regalo a mi madre un precioso cachorrito de perro. Mi madre le dijo que se lo llevara, que no lo quería, que en la casa no había espacio, pero mi padre se lo dejó a los pies convencido de que mi madre se encariñaría con él a lo largo de la jornada. Cuando volvió a la hora de comer, el perrito seguía tumbado sobre los pies de mi madre, apoyados en el pedal de la máquina de coser Singer, exactamente donde lo había dejado al irse a trabajar. Ninguno de los dos parecía haberse movido en horas. Mi madre le repitió que no quería perros en casa por muy adorables que fueran; otro era su plan de vida. Mi padre obedeció y regaló el cachorro a alguna amistad, o lo devolvió al dueño original. Esa anécdota representó siempre una piedra fundacional de la incompatibilidad de caracteres de mi padre y mi madre. Ella, responsable y delicadamente rigurosa. Él, fantasioso y atropelladamente inconsistente. Así eran. Así soy yo, mezcla de ambos. (Ah, y en casa tuvimos perro muchas veces.)

2.

El nacimiento de mi hermano Jesús en junio de 1968 quedaría para siempre asociado a la noticia del asesinato de Robert Kennedy, sucedido el mismo día. El crimen, como el de Martin Luther King en abril, evidenciaba una guerra subterránea y sostenida contra cualquier avance en las libertades civiles.

Sin Robert Kennedy en la disputa, fue el republicano Richard Nixon quien se hizo con la presidencia en noviembre, y el día en que asumió el cargo, el 20 de enero de 1969, lo que se esperaba de él es que cumpliera su promesa de poner punto final a la guerra de Vietnam. Ese conflicto era ya entonces una catástrofe incontrolada que despertaba protestas generalizadas entre los jóvenes. De hecho, era tal el deseo de Nixon de coronarse como el líder que acabara con la guerra que había boicoteado las conversaciones de paz de París, impulsadas por su antecesor, Lyndon Johnson. En un movimiento de turbia diplomacia, presionó al mandatario aliado de Vietnam del Sur para que se negara a participar en el encuentro de paz a cambio de enviarle refuerzos y más ayuda militar cuando alcanzara la presidencia. Esa verdad solo afloraría décadas más tarde.

A mis padres las noticias de *América*, como llamábamos entonces a Estados Unidos, les quedaban lejos. Tenían preocupaciones más cotidianas. El 2 de enero habían nacido en Madrid unas niñas siamesas unidas por la cabeza, una noticia que se trató entonces casi como un fenómeno de feria. Mi madre siguió el caso con atención, y tuvo el primer presentimiento de su embarazo cuando el día de Reyes se enteró de que Sophia Loren, la bella actriz italiana, había dado a luz a su hijo Carlo. Pensó que uno solo oye hablar de partos cuando un embarazo le ronda.

La jornada de Reyes era de enorme estrés. Los juguetes ya estaban comprados desde días atrás y escondidos en un altillo de la cocina. Mi madre llevaba a los más pequeños a la cabalgata y regresaban en el metro abarrotado, sin soltarse ni un segundo de la mano. Durante la noche, los juguetes se depositaban silenciosamente en la sala de estar, donde mi madre montaba cada Navidad un espectacular nacimiento sobre dos tablones y cuatro banquetas. Allí había ríos de espejo, montañas con talco a modo de nieve, musgo verdoso recién cortado..., y las figuras de barro se distribuían entre los puentes, las casas de pastorcillos, el castillo de Herodes y el portal de Belén. Para mi madre el montaje del nacimiento era una fiesta feliz en la que contaba con la ayuda de sus hijos, aunque a medida que se hacían mayores iban perdiendo ese entusiasmo por los ritos navideños que ella conservaría intacto.

Pero al día de Reyes le seguían los días más tristes para mi madre. Cuando los chicos volvían a la escuela y ella desmontaba el Belén, envolviendo cada figura de barro en papel de periódico. Luego subía las cajas de cartón al altillo de la cocina y al cerrar la portezuela, arriba de la banqueta, sentía la dentellada certera del paso del tiempo en sus tobillos. Una Navidad más, una Navidad menos. Pero aún le sobraba fortaleza para vencer la melancolía y tirar hacia delante. Muy próximas estaban las tres celebraciones familiares que se encadenaban en ese mes. El 16 cumplía años mi hermano Carlos. El 18, mi hermano Fernando. Y el 17 era el aniversario de boda de mis padres. Aquel año hubo un postre diferente para celebrar cada fecha. Flan el primer día, arroz con leche el segundo y finalmente una fuente rebosante de rosquillas para el tercero, que duraron hasta el fin de semana y solo porque se racionaron estrictamente. De no establecer una cuota, las rosquillas no pasarían del primer mediodía. Ocurrió años después con la Nocilla. Mi madre osó comprarla tres veces y las tres veces, un rato después de meterla en la nevera, se encontró el bote vacío y rebañado hasta sacarle brillo.

Mis padres tenían su forma de ser particular. En la derrota mi padre era lánguido y reservado. Todo el mundo con el que se relacionaba era pobre de solemnidad salvo un amigo que había hecho dinero con la construcción y era rácano hasta lo enfermizo. Mi padre mostraba un desprecio por el dinero algo exhibicionista, basado en su catolicismo esencial. Heredé de él ese asco a la codicia, casi como una forma de prudencia: de nada en demasía. Mi padre me transmitiría también su fatalismo, que me ayuda a prevenir las catástrofes mucho antes de que se desaten como mera medida de protección.

Mi madre era de una enorme fortaleza física y al tiempo flexible, de lágrima fácil pero decidida y tenaz. Durante algunos años soñó con que alguno de sus hijos fuera sacerdote, pero luego, tras ciertas experiencias descorazonadoras, su fe se volvió más privada, firme pero sin confianza en las jerarquías. Mi madre comprendía que los matrimonios se degradaban necesariamente, provocando una honda infelicidad en aquellos que buscaran la plenitud. No era el caso de ella ni de él, pues desde jóvenes sabían que la plenitud les estaba negada. Aquellos días de enero se enteraría de que la actriz Audrey Hepburn, tan bella y sofisticada, se había casado con su psiquiatra después de años tratándose de una depresión y varios intentos de suicidio. Mi madre no podía permitirse el lujo de la desesperación, y todo lo compensaba con ese castillo propio que se había construido hijo a hijo, como si fueran los ladrillos de una nueva fortaleza.

Si algo perturbaba a mi padre en esos tiempos era percibir cómo los suyos, su mujer y sus hijos mayores especialmente, empezaban a tratarlo con un escepticismo crítico. Ni su carisma ni su autoridad se sostenían como antes. El mayor, Juanjo, era un estudiante brillante que había comenzado Medicina; aficionado a los deportes, practicaba el tenis en las canchas, donde compartía amistad con jóvenes de extracción social más elevada que la suya. Era alguien que se codeaba con un mundo distinto al habitual para sus padres, que había dado el salto. Eso provocaba el orgullo de mi padre, sin duda, pero también, por qué no confesarlo, un evidente complejo de inferioridad.

Mi hermano había terminado el bachillerato con un expediente tan notable que incluso habían venido a proponerle costearle los estudios en la Universidad de Navarra unos enviados del Opus Dei, que captaban entonces con presteza a los mejores estudiantes de cada promoción. Ahí mis padres sí se habían mostrado inflexibles, pues no creían en sectas de élite sino en el esfuerzo callado. Tenían esa nobleza atesorada por su propia experiencia vital y no querían que sus hijos se contaminaran de algo que no fuera la apuesta por el puro sacrificio. Pero por más que aún se dejara notar la autoridad paterna en muchas decisiones, era obvio que mi hermano mayor se estaba convirtiendo en una institución familiar, una nueva cabeza regente que trazó la autopista por la que circularíamos los demás. También recogía las quejas de mi madre y replicaba con criterio a mi padre, que por todo ello iba sintiendo cómo encogía su reinado.

Tanto Maxi como Fernando, los dos siguientes, recibían ya de su hermano mayor una cantidad de información antes vetada en la casa. En esos mismos días de enero se produjeron unos graves incidentes en la Universidad de Barcelona. Grupos de estudiantes habían acogotado al rector antes de lanzar por la ventana un busto del Caudillo y colgar un trapo rojo de las ventanas de la facultad. Algunos que vivieron aquellos días en primera fila me relataban la emoción de ver quemarse algún coche en los disturbios, una imagen inusual en España. El conflicto se expandió a otras universidades del país y se ordenó su cierre. Desde el mayo anterior, con el estallido en Francia de las huelgas estudiantiles, no habían dejado de sucederse en todo el mundo protestas juveniles, que en Estados Unidos desembocaron en deserciones y quemas de las cartillas de alistamiento. La fuerte oposición a la guerra en Vietnam se sumaba al asombro por la política exterior de la superpotencia, implicada en un rosario de golpes de Estado teledirigidos.

El mundo en 1969 solo presentaba una cara común: la del descontento juvenil. Para los defensores del régimen, como mi padre, el problema era que la juventud estaba perdiendo los valores. El general De Gaulle había logrado desarmar a los díscolos estudiantes franceses tras el Mayo del 68, por lo que se alzaba como el modelo a seguir por la autoridad franquista. Mi padre rebatía los argumentos izquierdistas señalando por ejemplo a la Checoslovaquia aplastada por los tanques rusos. En plena plaza de San Wenceslao, en aquel mes de enero, otro estudiante, Jan Palach, se había prendido fuego para protestar por los recortes de libertades tras la invasión soviética de la Primavera de Praga. Es decir, que el descontento juvenil era sencillamente antiautoritarismo: estábamos asistiendo al fin del ordeno y mando paterno. Algo que me benefició de manera directa, porque en mi infancia disfrutaría de unos márgenes de libertad y autonomía nunca antes vistos.

En esas semanas de disturbios, mi hermano Juanjo se había atrevido a explicarles a mis hermanos que Franco no era el salvador de la patria que decían los medios oficiales, sino un facineroso que se sostenía y se lucraba gracias a una cuadrilla afín al mando de todas las instituciones del Estado. Las protestas estudiantiles ya no eran un hecho marginal, pues el número de estudiantes en las facultades había alcanzado los 150.000 en 1969. En las comidas se palpaba la ironía con la que los tres mayores contestaban los comentarios biempensantes de mi padre. ¿Acaso no habían sido las revueltas universitarias las que habían convencido a mi padre de dejar el puesto en la inspección de policía? Cuando en varias ocasiones habían ido a reclutar agentes para controlar los desmanes en la Complutense, mi padre había sentido la punzada de deshonor que significaría presentarse vestido de gris a dar palos a su hijo mayor.

Sus estallidos de violencia autoritaria cada vez más eran atenuados por las protestas de sus hijos, porque las casas son una metáfora del mundo exterior. Los pequeños aún eran manejables. Javi era el más indómito. Sometía a Carlos, apenas dos años menor, a todo tipo de torturas infantiles. Eran los hermanos más mayores los que trataban de controlarle, porque si mi padre presenciaba alguna de aquellas disputas se quitaba el cinturón y zurraba a ambos sin preguntar quién había empezado la pelea. De hecho, lo gritaba con el cinturón en la mano –«¡No voy a preguntar quién ha empezado!»–, antes de soltar su descarga. La niña, en cambio, ella sí que era el premio ansiado. Mi padre la adoraba y no se cansaba de contarle cuentos para que cogiera el sueño o se terminara la comida, capaz de repetir tantas noches el relato de «La ratita presumida» que mi hermana se lo había aprendido de memoria y lo recitaba por los pasillos. Carlos era bueno, y aunque de bebé había llorado muchísimo, y sus hermanos recordaban haber pasado horas meciéndolo hasta dormirlo para ayudar a la madre desbordada, ahora era discreto y tímido, estudioso y responsable. El más pequeño, Jesús, lloraba a ratos; eso sí, con una intensidad desacostumbrada y, de broma, las vecinas de abajo le habían apodado «Farina», en honor al cantaor Rafael Farina, por los recitales que entonaba muchas tardes antes de quedarse dormido.

Los incidentes en la Universidad de Barcelona tuvieron un efecto contagioso. Se dio la orden de colgar las banderas españolas en los autobuses. Toda acción de protesta era necesariamente antipatriótica. ¿No sigue funcionando aún ese resorte contra cualquier crítica o cualquier intento de corrección? El 25 de enero Franco decretó finalmente el estado de excepción por un periodo de tres meses, sirviéndose de un decreto ley avalado por «una marea de opinión sana y mayoritaria que apoya al Gobierno y desea la paz». El restablecimiento de la censura fue contestado con una lluvia de piedras lanzadas por estudiantes contra la fachada del diario *ABC* en la calle Serrano. En Barcelona los estudiantes detenidos sumaban ya más de catorce.

La primera música que escuché en el vientre materno vino del tocadiscos de mis hermanos mayores. Los últimos vinilos que habían adquirido o conseguido prestados de algún amigo eran sobre todo de música francesa y británica. En mi casa no sonaban los éxitos españoles. En el 69 Julio Iglesias estrenó su película de ficción biográfica *La vida sigue igual*, y Raphael, otra aún más osada llamada *El ángel*. El debut de Mocedades se tituló, con talento visionario, *Mocedades I*. También del 69 es *Mira hacia ti* de Miguel Ríos, su primer álbum, que contenía aquella canción de «El río», pegadiza como un chicle en el zapato, y pronto grabaría el «Himno a la alegría» con el que Beethoven alcanzó el número uno de las listas del pop internacional.

Serrat sacaría su disco dedicado a Machado y compondría «Penélope», y Víctor Manuel, los mejores temas de lo que se dio en llamar *la canción de la verdad*: «El abuelo Vítor», «Paxariños», «La romería» y «El mendigo». Camarón de la Isla grabó su primer disco acompañado por Paco de Lucía, que abría con la bulería «Al verte las flores lloran». Mi hermano mayor escuchaba a Raimon, Joan Baez y Paco Ibáñez, que ese año llenaría el Olympia de París.

A mis hermanos cuanto más sabían de fuera menos les gustaba lo de dentro. Habían empezado a tomarse a risa la credulidad de mi padre, que a primeros de febrero llegó un día encantado de saber que las pruebas médicas practicadas a Franco habían dado resultados espléndidos. Se ocultaba a la población –se haría durante una década– que padecía párkinson, pero con setenta y seis años crecían las especulaciones sobre su estado de salud. Pinchaban en hueso, se vanagloriaba mi padre. Al parecer tenía la misma calidad de visión que en el año 1943, y su costumbre de no probar el alcohol, apenas un vasito de vino en las comidas, y de practicar deportes al aire libre, como el golf, la pesca y la caza, le mantenían tonificado. Las muestras culturales del régimen se limitaban a coros y danzas y a una enfermiza obsesión por el Festival de Eurovisión. Se logró la victoria el año anterior a mi nacimiento gracias a la ferocidad de Massiel, y en 1969 se celebró en el Teatro Real de Madrid con una inversión institucional millonaria para promocionar la marca turística del país. A mis hermanos todo este circo no les estimulaba. Nuestra vecina era secretaria del club de fans de Raphael y los domingos ponía sus canciones a un volumen disparatado, así que mis hermanos mayores contraatacaban desde el otro lado de la pared con sus nuevos discos de Los Beatles o Eric Clapton.

Corrió entonces el rumor de que Greta Garbo estaba pasando unos días en Marbella. Lo había leído mi hermano Fernando en el diario *Pueblo*, que revisaba cada noche cuando mi padre lo abandonaba en busca de dibujos o fotos que recortar. Había una cierta apertura, y las películas, los espectáculos en vivo y las ofertas de ropa podían anunciarse con fotografías de mujeres más sugerentes de lo habitual. Eso atraía a Fernando, como seguramente sucedía con mi padre, cuya lealtad al periodista Emilio Romero tenía que ver con lo ideológico, pero también con su tratamiento festivo de la belleza femenina. Lejos estaba mi padre de sospechar que aquel tipo era un crápula, porque a él le seducía la picardía inocente y rancia típica de la revista musical. Años después me confesaría Raúl del Pozo que esa noticia de Greta Garbo en Marbella fue una invención del periódico, pues la que aparecía en la imagen desenfocada no era sino la fotógrafa de *Pueblo* Juana Biarnés disfrazada con una gabardina y un sombrero.

Justo cuando mi madre estaba embarazada de mi hermana, tres años antes de mi llegada, mis padres decidieron levantar una pequeña vivienda autoconstruida en la parcela en la sierra donde antes plantaban una tienda de campaña. El veraneo en aquellos años se convirtió para los madrileños más humildes y de barriada en un proyecto de conquista de los montes cercanos, casi al modo de los pioneros del Salvaje Oeste. Mi padre enroló dos veranos a una familia de albañiles que también acampaban por la zona de los pinares del río Cofio, y entre todos, incluidos mis tres hermanos mayores, que oficiaban de peones, levantaron la vivienda de una planta, con un aljibe bajo la terraza para poder surtirse del agua de lluvia, ya que al lugar no llegaban ni llegarían en mucho tiempo los servicios públicos de luz, agua y gas.

La casa de fin de semana y veraneo, todo un lujo para la familia, tenía apenas sesenta metros cuadrados, con un techo de teja, una chimenea de piedra, suelo de terrazo, canalones de uralita y ventanas enrejadas. Tan solo contaba con un dormitorio principal y un cuarto para todos los chicos, que hacinados en literas y un mueble-cama se organizaban cada noche. Mis padres compartían dormitorio, como en Madrid, con las dos cunitas de los pequeños. La parcela, de cuatrocientos metros, contenía más de cincuenta pinos que daban una sombra agradable a la terraza, por más que llenaran cada rincón de pinaza por barrer y orugas procesionarias que incinerar. Para hacer el terreno más acogedor, mi padre haría traer varios camiones de arena de río con la que cubriría la tierra negra del suelo. Mi madre iniciaría allí su abundante producción de geranios, que luego trasladaba en esquejes a las ventanas de la casa de Madrid. Al salir de la parcela, bajando un barranco empinado, se llegaba a una poza del río que los vecinos habían creado apilando piedras, con laderas de prado a modo de playa y grandes rocas como lomos de elefantes en las que los chicos se tumbaban a tomar el sol y desde las que se lanzaban de cabeza a la zona profunda. El agua era cristalina y corría con fuerza. Durante el verano, a falta de agua corriente, allá se lavaban las cabezas y las ropas de todas las familias de las cercanías. Era una colonia de vacaciones espontánea, alegal y cochambrosa, para personas de la periferia de Madrid que de haber disfrutado de mayor poder adquisitivo hubieran elegido zonas más nobles y urbanizadas, pero que disfrutaban así de un paisaje hermoso y saludable.

Poseer aquella casa permitía a mis padres escapar de la ciudad muchos fines de semana durante el curso. A medida que mis hermanos se hacían mayores, alcanzaban el privilegio de no tener ya que desplazarse con toda la familia a la casa de la sierra. Allí no había ducha ni calefacción, se cocinaba en un infiernillo de gas, y en invierno uno pasaba un frío mortal cuando se separaba de la chimenea rumbo a las sábanas gélidas que mi madre calentaba con bolsas de agua caliente. El agua de beber había que ir a buscarla con grandes garrafones a alguna fuente cercana. Mi madre lavaba las sábanas y la ropa en una pila de mármol situada en la parte baja de la parcela, y como los pañales desechables aún no existían, sentaba a los niños en el orinal para que aprendieran cuanto antes a regular el intestino. También nos enseñó a mantener la ropa limpia durante la jornada, costumbre que me acompaña hasta hoy y que le debo a ella.

Por el lugar pasaban los burros de la fruta y las morcillas con la romana para vender al peso, y también el lechero y el mielero, que me fascinaba con aquellos tonelillos de madera de los que escanciaba la miel en los botes que le tendíamos. En verano se les sumaba un vendedor de bombón helado que voceaba a su paso, reventando así la siesta de las familias. La venta de melones y sandías acababa de darle un aire bucólico a aquel entorno, que de tanto en tanto padecía algún incendio sofocado por la rápida reacción del vecindario, que corría a formar cadenas humanas para pasarse los cubos de agua de mano en mano.

A mi hermano Jesús lo plantaron en su cunita en la explanada entre los pinos con apenas dieciocho días cumplidos, porque nació a comienzos de junio y le correspondió un primer veraneo bien temprano. Ese aire de la sierra le dotaría para siempre de un aspecto broncíneo que le ganó el apodo de «Conguito», inventado, claro, por mi hermano Javi, siempre ingenioso para asignar motes y sobrenombres con especial tino. A un compañero de clase con melenas lo llamaba «el Calvo», a un cura integrista del colegio le apodó «Jomeini» y a un familiar que era guardia de la escolta de Franco le bautizó, jugando con su nombre de pila, como «Ciriaco El Policiaco». Jesús nunca perdió ese color moreno, y años después, como jugaba tan bien al baloncesto, mi sobrino Jonás dedujo, con total naturalidad, que era el mejor de todos nosotros en ese deporte por la sencilla razón de que era negro, como Michael Jordan. «El único negro de la familia», nos explicó para pasmo general.

Yo siempre quedaría unido a aquel lugar de vacaciones por una prolongación del cordón umbilical. Mi madre pasó allí el verano de mi embarazo y solo volvería a la ciudad dos días antes de dar a luz. En la sierra había una cierta paz social, sin los delitos habituales que llenaban las páginas de sucesos de *El Caso*, que aún se vendía a voces en la capital. Joyerías atracadas cada día, bolsos robados a tirones, algún cruel *crimen pasional*, como se llamaba entonces a la violencia machista, que quedaba sin castigo porque el hombre ostentaba infinitos derechos de propiedad sobre su mujer gracias a la intervención de la Iglesia católica. En la sierra los peligros eran las caídas de la bici, los tropezones al correr, las rodillas en carne viva y los codos con cicatrices, poco más. Tan solo la cercana vía del tren suponía para mi madre una constante preocupación. «A las vías, por favor, ni os acerquéis.»

El delito internacional que estaba de moda en 1969 era el secuestro de aviones. Se produjeron cerca de cincuenta, muchos de ellos para desviar vuelos entre Cuba y Estados Unidos, y otros que tenían que ver con la crisis que enfrentaba al Estado de Israel con sus vecinos árabes. Por más que algunos de los desvíos de vuelos acabaran en tragedia, no eran raras las viñetas donde los humoristas se mofaban de la costumbre del secuestro aéreo, con pilotos que anunciaban la salida del avión a los pasajeros pero añadían que el destino lo sabrían en cuanto los secuestradores se hicieran con el mando. Otros incidentes rozaron el milagro, como el del joven Armando, que en mitad de 1969 llegó a Madrid desde La Habana escondido como polizón en el tren de aterrizaje y que, según los médicos que le atendieron al llegar, había logrado sobrevivir gracias a un curioso proceso de hibernación. Que los cubanos huyeran de la isla que para algunos significaba un ideal antiimperialista no tardaría en hacerme sospechar que las alternativas al sistema conocido tampoco eran la panacea. Fidel Castro había declarado pomposamente el año 69 como El Año del Esfuerzo Decisivo y había prohibido la Navidad, ahí es nada.

Mi hermano mayor, con la excusa de los estudios, fue el primero en disfrutar de los fines de semana a solas en casa mientras el resto marchaba a la casa de la sierra. En el barrio tenía amigos de toda condición, incluso un tipo llamado Carrasco que fue el primero en traficar con hachís y sostenía que de vez en cuando llevaba cocaína a fiestas en casa de famosos como Lola Flores. Su mayor aventura tuvo lugar cuando se atrevió a robar un descapotable rojo que pertenecía al príncipe Juan Carlos. Pasó un rato dando vueltas y se hizo un carrete de fotos para inmortalizar la acción; luego dejó el descapotable abandonado en cualquier parte. En la siguiente ocasión en que se le ocurrió robar un coche las cosas salieron algo peor. Le detuvieron junto al chico que le acompañaba en el paseo, que no era otro que Juanjo. Cuando llamaron a mi padre de la comisaría en la que estaba detenido, tuvo que presentarse para convencerles de que su hijo era un muchacho ejemplar.

Ya en la universidad, en las fiestas estudiantiles, mi hermano conoció a chicas que escapaban de los márgenes bien determinados de nuestra barriada. Chicas de mejores familias, *con posibles* como se decía entonces, que aspiraban a sacarse un título, a heredar la farmacia del padre o incluso a regentar el negocio familiar. Según contaba Fernando, el éxito del mayor era tal que unos años antes hasta una profesora del colegio se había enamorado de él y alguna vez habían salido juntos al cine. La confirmación de la sospecha la sostenía mi hermano con un detalle esclarecedor: cada vez que pasaba al lado de su pupitre, la profesora, que sabía que era el hermano de Juanjo, le acariciaba cariñosamente el pelo.

Maxi fue también precoz en las relaciones con chicas. Su atractivo escondía un secreto: en el 69 se había sometido a la tercera operación para corregir su estrabismo. Le enderezaron el músculo, pero le quedó el ojo derecho vago, lo que le daba un aura aún mayor de profundidad insondable y enigma personal. Fue el primero en enfrentarse de manera abierta con mi padre. Su inclinación a llevar el pelo largo era la que más discusiones provocaba: «Esos pelos», le increpaba mi padre al verlo. Se parecía físicamente a mi madre. La pintó en esos días en un lienzo que ella guardó para siempre. El perfil estaba copiado de una foto del día de su boda, en la que aparecía bailando con mi padre. Mostraba su nariz aguileña, pero también la sonrisa infantil y los ojos alegres. El hecho de que mi padre fuera eliminado del cuadro no pudo ser casual. Mis hermanos mayores sentían hacia mi madre una admiración sin reservas. La veían, hijo tras hijo, condenarse a una vida de matrona que les hería, y no debieron de ser los que más se alegraran de la noticia del nuevo embarazo, cuando finalmente, a mediados del mes de marzo, mi madre la soltó en la comida. Fue mi hermana la que lanzó el grito más entusiasta. No solo por la posibilidad de tener una hermanita, algo que todos anhelaban, sino porque para ella yo sería un juguete real. El día en que nací le permitieron sostenerme en brazos de manera tentativa, y durante esos primeros años fui para ella como esa otra muñeca Nancy a la que cambiaba de ropa con su colección de vestidos. Se ocuparía ya siempre de cuidarme y protegerme con mimo, especialmente en los años infantiles, en que las batallas entre hermanos se libraban en bandos bien armados. Me peinaba y me ayudaba a vestir, jugaba conmigo a caballito, se dejaba tirar de las largas trenzas por mí, por nadie más, y era la que me ponía los discos de cuentos infantiles y me repetía los relatos aprendidos de boca de mi padre. Mi hermana, que fabricaría una resistente dureza al estar rodeada solo de chicos, se evadía de nosotros charlando con las cortinas y las muñecas. Incluso su primera batalla feminista la ganó frente al cariño algo empalagoso de mi padre: sacudirse el chantaje del cariño patriarcal fue, como para tantas chicas de aquella época, la primera guerra que ganar.

La destreza de Maxi con las manos era algo que se añadía a su atractivo natural, a su carácter casi zen. Era callado y le gustaba tomar el sol en verano durante horas. Mi madre siempre culpó a aquellas sesiones de bronceado de la tuberculosis que contrajo. Creo que una anécdota que ella contaba lo define a la perfección. Un mediodía terminó de comer en casa y salió de camino al colegio mientras aún masticaba el último pedazo del filete correoso de ternera. Cuando regresó a casa, tras las dos clases de la tarde, seguía aún masticando el mismo pedazo de carne, incapaz de tragarlo. No sé si habla de la paciencia infinita de mi hermano o más bien de la calidad de la carne que consumíamos, que en mi familia se describía gráficamente como «filete de suela de zapato».

Una vecina viuda le había confiado a mi hermano Maxi la reparación de una Virgen de alabastro que había perdido uno de los brazos. Según repetía la vecina, mirar a la Virgen manca todo el rato en casa le provocaba angustia. «Es que es un sacrilegio», repetía, «un sacrilegio.» «La del sacrilegio», como la llamaríamos ya siempre, le encargó pues a mi hermano la reparación del brazo roto, y él acometió la tarea como acometía las cosas prácticas: con una enorme calma y un absoluto control de la situación. Semanas después entregó la Virgen en perfecto estado; un encargo resuelto, impoluto, y eso le ganó ya fama en el barrio entero.

Consiguió con apenas dieciséis años un trabajo en la sede de la editorial de libros de Disney, que estaba cerca de la calle Bravo Murillo. Allí moldeaba en arcilla figuras de los personajes más famosos de la factoría. Por cada una, de cerca de un metro de tamaño, le daban mil quinientas pesetas, lo que le permitía manejarse de manera autónoma. Con sus figuras se hacían moldes para fabricar los personajes en imitación de piedra, que luego se enviaban a parques y ciudades del mundo. Mi hermano era capaz de moldear en arcilla la cara de un amigo mientras charlaban en la mesa de casa. Años después emprendería una carrera de escultor con la piedra granítica de las canteras de Calatorao y sería pupilo del artista aragonés Pablo Serrano. Nadie podía imaginar entonces que su vida acabaría con tan solo cuarenta y dos años, en un accidente de tráfico, pero esa es otra historia.

Fernando recordaría siempre con admiración el modo en que, de niño, Maxi se había fabricado una pistola con un trozo de madera que serró y diseñó con precisión. Mi madre jamás les permitía, ni nos permitiría a los pequeños, jugar con armas y se negó siempre a comprar juguetes bélicos, así que aquella pistola que Maxi untó con betún negro le resultaba a Fernando un juguete fascinante. Pero cuando le pidió a su hermano que se la prestara, este le puso un precio alto: «Me tendrás que obedecer en todo durante un año». Fernando se negó, aunque eso no evitó que mirara la pistola de madera con envidia malsana y que en algunos ratos se le permitiera acariciarla y empuñarla para apuntar a una diana invisible.

A mediados de marzo mi madre cayó en una tristeza difusa a la que se sumó que durante día y medio no paró de llover en Madrid. Corría mi tercer mes de gestación, y para terciar en uno de aquellos enfados entre mi segundo hermano y mi padre, mi madre decidió que cuando yo naciera Maxi sería mi padrino. Fue su manera de ofrecerle una responsabilidad de adulto, algo que le ayudara a sentirse tratado con el respeto que mi padre le negaba al obligarle a llevar el pelo corto según su gusto. Como madrina mi madre elegiría a la hija de unos amigos íntimos, Angelines. Así, esa pareja de adolescentes me condujeron al bautizo.

En aquellos ratos muertos en que la casa luminosa parecía de pronto sumida en una noche eterna, la radio era un consuelo. Mientras cocinaba, mi madre escuchaba los programas conducidos por las voces clásicas, y durante las tomas de pecho de Jesús se relajaba en el salón, para luego planchar, tender la ropa y, por la tarde, dejarse envolver por la sintonía hipnótica de la señora Francis y sus tremebundos consejos mientras tejía un jersey u otra bufanda. Ese día oyó en los boletines que Marisol había anunciado su futura boda con Carlos Goyanes, sucesor en la saga de sus productores, y pensó que también los niños se hacen mayores. Marisol había comenzado a rodar películas en 1960, cuando apenas había cumplido los doce años. Con *Un rayo de luz* ganó el premio de interpretación en Venecia, y su productor Manuel Goyanes la exprimió, dicen, hasta causarle una úlcera de estómago. Fue lo más parecido a un producto Disney que hubo jamás en España y tuvo incluso una muñeca con su nombre. Se convirtió en un icono popular y con ella, cuando creció y cambió de personalidad, creció también la juventud del país, en un paso definitivo hacia la madurez que traería consigo un cambio general.

3.

El día en que mi hermano Carlos se cagó en mitad de clase ni siquiera llamaron a mi madre para avisarla. En el colegio, don Fernando, el secretario, estaba ya acostumbrado a que en una familia tan grande los hermanos mayores se hicieran responsables de los más pequeños. A Carlos le imponía mucho la cara densamente maquillada, siempre tiznada de un bronceado artificial, de la señorita María José. Había alzado la mano un par de veces, pero la maestra no le había concedido el permiso para salir, así que cagarse encima fue un accidente rodeado de cierta crueldad. Era la crueldad gratuita que se transpiraba en los colegios de entonces, en los que ningún alumno miraba jamás la enorme regla de madera como un instrumento de medida, sino como un elemento de tortura y agresión. Salieron a buscar a Maxi y le pidieron que se hiciera cargo del hermano cagado.

Carlos lloriqueaba aún por la calle Rodón mientras recorría el corto camino a casa con las piernas sucias y arqueadas. Así que su hermano le hizo reír o al menos intentó relajarlo y que olvidara el drama de salir por el pasillo entre los pupitres bajo la risa burlona de los compañeros que se tapaban la nariz. «Has tenido suerte, a Fernando cuando se cagó encima en el cole le vino a buscar la prima Rosario, porque mamá estaba entonces con el tifus», le contó en el camino. Rosario era la hija pequeña del hermano mayor de mi padre, el tío Paco. Tenía la edad de mi madre, por lo que siempre la consideramos más una tía que una prima. Según contaba la leyenda, se había ido cachondeando de Fernando todo el camino desde el colegio, gritándole «guarro, cómo es que te has cagado» y cosas así. «Guarro», «cerdo», «cagón», siguió rememorando Maxi en aquel paseo torturante de vuelta a casa del pobre Fernando. Y mientras escuchaba aquella historia, Carlos tuvo al menos la sensación de que su humillación formaba parte de un ciclo formativo general.

En abril Franco levantó el estado de excepción algo antes de lo previsto. Era conveniente reanudar el curso de cara a los exámenes finales. En las últimas semanas preocupaban más algunos atentados en el País Vasco, perpetrados por el grupo separatista ETA, que iba cobrando poco a poco presencia constante en las noticias. La detención de varios párrocos acusados de proteger a los militantes y de invocar los derechos vasconavarros provocó un atisbo de crisis eclesial, pero esos eran asuntos que se resolvían en la sombra densa, al margen de la luz de la prensa. Violencia contra violencia. Mi padre expresaría en la comida su contento por el fin de las medidas de excepción, que prohibían las reuniones de más de diez personas. «Los estudiantes vuelven a sentar cabeza», diría. Pero mis hermanos le respondieron con sorna: «Y si no la sientan, se la revientan». Conocían el caso de Enrique Ruano, un estudiante detenido por la policía en el mes de enero. No creían la versión oficial de que había muerto al intentar huir saltando por la ventana del sexto piso mientras acompañaba a la policía en un registro de su vivienda. El ministro Fraga, con la complicidad del diario *ABC*, publicó extractos escogidos de anotaciones y apuntes del chico para propagar la versión de que pudo tratarse de un suicidio. El ministro amenazó a la familia para que no siguiera investigando, y nunca les permitieron ver el cadáver de su hijo ni la autopsia practicada. Así que la mención de aquel nombre en la mesa de casa tal vez obligaría a mi padre a golpear con el puño el tablero plegable. Los platos vibrarían con un sonido tétrico, y los cubiertos tintinearían sin alegría. Luego añadiría algo con autoridad, conciso, directo, algo que se repitió muchas veces en los años siguientes: «En mi casa, no se habla de política, solo faltaría». Pero durante mi infancia se habló mucho de política en casa, y eso me introdujo en un ámbito que siempre he considerado natural, el de la discusión y la aceptación de diversos puntos de vista.

Los libros habían entrado en mi casa como una lluvia fina. Mi hermano mayor había ido consolidando una biblioteca razonable y presidida por enciclopedias de arte, biología y diccionarios. Los libros infantiles se agrupaban en algunas colecciones que habían crecido a la par que crecían los tres hermanos mayores. De las ejemplares historias bíblicas que le gustaban a mi madre pasamos a los clásicos de aventuras. En el 69, las editoriales Salvat y

Alianza ganaron el concurso estatal para lanzar una colección patrocinada con el sello RTV de la tele pública. Aquellos ejemplares de lo que se dio en llamar Biblioteca Básica Salvat costaban veinticinco pesetas y no tardarían en invadir las casas. Cuando yo llegué me esperaban ya una enorme cantidad de estanterías repletas en las que se podían ir trazando los intereses particulares de cada uno. Eso forma parte de la cantidad de información que te alcanza por ósmosis en una familia grande. Recuerdo encontrar, al leer los tomos de las obras completas de Baroja, anotaciones de mi hermano mayor sobre finos recortes de papel cebolla y sentir la emoción de quien descubre las huellas de quien le precedió. La medicina, el arte, el cine, la biología, la etología, la literatura, el derecho, las matemáticas eran pasiones de mis hermanos que quedaban retratadas en las estanterías de casa. Mi hermano Jesús terminó por acumular una cantidad ingente de libros sobre baloncesto, y colgó en nuestro cuarto la foto de Pat Riley, el entrenador de los Lakers. Quedó al lado de la de Jean Renoir, porque el director francés era para mí algo así como ese abuelo soñador y creativo que nunca tuve. Todo lo que colgábamos, sobre todo sus medallas de baloncesto y las mías de balonmano, servía además para tapar el papel de las paredes, un tapiz de árboles algo recargado y psicodélico que hoy utilizo como fondo de pantalla en mi teléfono móvil.

Cuando llegó el mes de abril y yo comencé a llenar el intestino de meconio, el Gobierno aprobó un decreto por el que se consideraban prescritos los crímenes cometidos durante la Guerra Civil. Era el fin de las responsabilidades, lo que permitía el regreso de algunos exiliados pero, sobre todo, la salida a la superficie de los llamados *topos*, hombres ocultos que permanecían escondidos desde el final de la guerra. La reaparición de los topos coincidiría con mi salida al mundo, lo cual no deja de ser irónico y simbólico. Ese acto de cancelación y paz no fue recibido con total confianza, sino más bien con timidez y discreción, pero preludiaba la hora de la sucesión de Franco.

Resultó significativo que dos autores que habían tomado el camino del exilio tras la guerra, Ramón J. Sender y Mercè Rodoreda, ganaran los premios Planeta y Ramon Llull de ese año, o que Max Aub visitara el país y recogiera en su diario personal notas que tienen un enorme valor descriptivo sobre el ambiente de desmemoria con el que se topó tras tantos años de distancia: «Esta España nueva, híbrida, que les ha salido a los tecnócratas, banqueros, obispos conciliadores con la que, a primera vista, no saben qué hacer, desbordados por el afán de diversión, de buen vivir, del destinte del turismo, de los bikinis [...]. Una España descolorida [...] que sin embargo sigue, como siempre, en el puño del ejército». Había vuelto ya del exilio Casona, y Rosa Chacel regresaría en los años siguientes. Camilo José Cela publica en ese 69 su novela de la guerra, *San Camilo, 1936* y Vargas Llosa su colosal *Conversación en La Catedral*, mientras Georges Perec comienza a escribir *La vida instrucciones de uso*. Adolfo Marsillach pelea con la censura para estrenar su *Marat-Sade* y Nuria Espert *Las criadas*, aunque en la cartelera teatral de Madrid llegan a coincidir ese año nada menos que diez obras de Alfonso Paso, el autor más popular. García Márquez reside entonces en Barcelona, la ciudad en la que Jorge Herralde funda, también en el 69, la editorial Anagrama, en la que publicaré mi primera novela y las cinco siguientes a lo largo de treinta años.

Franco concedió en aquellos días una larga entrevista al diario *Arriba*. Se cumplían los treinta años de paz y era una ocasión ideal para que el dictador se refiriera de manera directa a la crisis que afectaba a la juventud mundial. Para él, igual que para mi padre, estas crisis estudiantiles eran consecuencia de la falta de valores que afligía a los más jóvenes. Se trataba de ese materialismo implantado en la sociedad y en el nuevo sentido de la vida, lejos de los pilares espirituales. Los jóvenes, según Franco, veían con enorme inquietud eso del progreso, el palpable fracaso del sistema de partidos. Por eso él se esforzaba por situarse al margen, pues creía firmemente en la democracia de partido único, el oxímoron del que presumía constantemente y que hoy vuelven a rescatar los nostálgicos del autoritarismo. Lo que se llamaba en términos oficiales la democracia *práctica* frente a la democracia *formal* de, pongamos, Estados Unidos o Reino Unido. Por supuesto, según Franco, todo este estado de incertidumbre en los ánimos era aprovechado por los profesionales de la agitación. Mi padre, como tantos padres de su generación, lo que más temía era que sus hijos cayesen en manos de las malas influencias izquierdistas. Desconocía aquello que tan bien describió Isaiah Berlin: que lo que llamamos progreso consiste en que los hijos desmonten las creencias de los padres.

En medio de esas turbulencias, mi madre me notaba crecer adentro. Mi hermano Juanjo le hacía un seguimiento del peso, más que nada para tomar notas propias, como haría después con nuestros sarampiones y varicelas. Le contó a mi madre que un doctor chileno llamado Iglesias Díaz había descubierto una nueva técnica radiológica para fotografiar al feto humano en el vientre con ayuda de alcohol yodado, que combatía el efecto radiactivo maligno de los rayos. «Dentro de poco, podremos ver al feto desarrollarse dentro del vientre y sabremos si sufre alguna malformación o daño antes de que nazca.» «¿Y eso de qué servirá, hijo?», le preguntaría mi madre, convencida de que la tecnología nunca resolvería del todo los misterios de la vida. «Servirá, mamá, servirá.»

«¿No quieres ir a ver la película esa alemana?», le preguntaría quizá a mi madre. Se refería a la película alemana *Helga, el milagro de la vida*, que triunfaba desde hacía meses en el cine Pompeya. La clave de su desmesurado éxito residía en que mostraba íntegro el desnudo de la parturienta y eso disparó el boca a boca, con espectadores llegados de todas las provincias para darse ese gustazo del mirón ante lo prohibido. Atisbar la desnudez femenina provocó otro fenómeno asombroso cuando, en las primeras semanas de abril, se lanzó la película *La Celestina* con el reclamo del escote de Elisa Ramírez. El documental germano atrajo a casi cuatro millones de espectadores a las salas y el escote de la Ramírez a más de tres. La hambruna sexual contaminaba toda la sociedad española, sometida a una dieta católica de honda represión que provocaba episodios grotescos como estos. El sexo se desenterraba entre un profundo secretismo y yo, en mi formación, aún sería víctima de esa ocultación malsana.

Mi hermano Fernando era el más aficionado al cine, y ese 69 oiría por primera vez el apellido Coppola, que era el del joven director que había ganado la Concha del Festival de San Sebastián por la película *Llueve sobre mi corazón*. Contaba la historia de una mujer de clase media que abandona a su marido y huye de casa estando preñada. Pero mi madre nunca abandonaría la casa ni al marido, no, eso solo pasaba en las películas norteamericanas.

Lo que le haría descubrir a mi hermano Fernando que las películas tenían entrañas y no solo un desarrollo accidental fue ver en el cine Montija de Bravo Murillo un programa doble en sesión continua. Entró cuando la película de Gary Cooper ya llevaba un rato empezada. Contaba un romance con equívocos entre un playboy internacional ya maduro y la jovencita hija de un detective privado parisino al que interpretaba el cantante Maurice Chevalier. Ella era la radiante Audrey Hepburn. Le deslumbró la precisión enrevesada de la trama, con personajes que se hacen pasar por lo que no son y niegan sentir lo que sienten. Tanto fue así que cuando acabó la segunda película y comenzó de nuevo la de Gary Cooper no salió, como era costumbre hacer en las sesiones continuas al llegar a la parte que uno ya había visto, sino que se quedó a verla otra vez. La película se titulaba *Ariane*, y mi hermano acababa de descubrir que detrás de los actores existía un andamiaje creativo.

Gary Cooper, que había sido amigo de Picasso y de Hemingway, llevaba muerto más de ocho años cuando llegó la película a España. *Ariane* la había rodado ya enfermo y delicado, por eso habían usado en sus planos una media colocada delante del objetivo como filtro de cámara para difuminar sus arrugas, pues su compañera de reparto era veintiocho años más joven que él. El actor inicialmente elegido para el papel era Cary Grant, pero Billy Wilder, pese a intentarlo en varias ocasiones, nunca lograría rodar con él. El título original de aquella película era *Love in the Afternoon*, algo así como «El amor en la tarde», un guiño a la infidelidad que la censura española no iba a dejar pasar.

Manolo Escobar o Marisol rompían las taquillas nacionales, y los aprendices de la maravillosa escuela italiana de la comedia neorrealista, como Berlanga, Bardem o Fernán Gómez, habían sido condenados a la marginalidad. Cuando yo iba ya camino del mundo, comenzó a despuntar un tempranero discurso intelectual encarnado en Carlos Saura, Picazo, Martín Patino... A comienzos de año se habían estrenado en cascada una serie de películas de Buñuel que hasta el momento habían estado prohibidas, pero fueron recibidas con nefastas críticas. *El ángel exterminador* o *Los olvidados* eran consideradas por los reseñistas del 69 tremendistas empanadas mentales, o simples buñueladas. Buñuel pagaba aún los conflictos desatados a principios de la década de los sesenta por su obra maestra rodada en nuestro país, *Viridiana*, que desde el día en que la vi he considerado la mejor película de nuestro cine.

Por las fechas de mi nacimiento Luis Buñuel regresaría a Madrid para preparar el rodaje de su adaptación de *Tristana* de Galdós. Siempre confesó que España ejercía sobre él una atracción fatal, y yo me identifico con esa afirmación. Es un país que te atrapa en su contradicción. En septiembre a Buñuel le otorgaron el León de Oro a la Trayectoria al tiempo que presentaba *La Vía Láctea* en el Festival de Venecia, ese festival que había renunciado a la competición porque prefería ser una muestra de películas sin concurso. Competir se consideraba entonces una degradación de lo cultural; en eso hemos cambiado. También por esos días Truffaut andaba en Toledo escribiendo el guión de *Domicilio conyugal*.

Quizá esas presencias irradiaron algo sobre mí, porque lo cierto es que el cine se fue introduciendo en mi vida de una manera caudalosa a partir de los doce años. De la gente que luego conocería en el cine español y que entonces estaba en activo quiero acordarme de Juan Luis Galiardo, de Rafael Azcona, de Fernán Gómez. Galiardo, que era actor, andaba rodando en los estudios de Cinearte, donde se habían levantado decorados de la adaptación de *Fortunata y Jacinta* dirigida por Angelino Fons. Padeció Galiardo en esos días de 1969 uno de sus brotes psicóticos. En medio de un delirio violento e incontrolable, comenzó a insultar a su compañera de reparto, Emma Penella, que era la esposa del productor de la película, Emiliano Piedra. No era la primera vez que aquella enfermedad mental lo acuciaba, pero entonces lo mandaron directo al manicomio de Carabanchel y lo sustituyeron por Máximo Valverde, que era tieso como una estaca pero podía competir en buena planta.

También Rafael Azcona, que sería tan importante en mi vida, atravesaba entonces una época complicada. Marco Ferreri le había abierto las puertas del cine en Italia, lo que le salvó de la estepa hispana en los peores momentos, pero *Dillinger ha muerto*, estrenada en 1969, enfrió su relación porque, pese a ser la más azconiana de las películas de Ferreri, Azcona, sorprendentemente, no figuraba en los créditos. Eso los distanció, y Ferreri confirmaría años después, arrepentido, que Azcona era el autor de la idea original. Con Berlanga también habían enfrentado dificultades, y el guión de *Las pirañas* terminaría convertido en una fallida coproducción argentina titulada *La boutique*, tan corrosiva que se autodestruía. En el 69 finalmente lograron rodar *Vivan los novios*, un ácido retrato de la miseria humana con la excusa del género nupcial. Para Elías Querejeta, que se iba consolidando como el productor más innovador, Azcona firmó con Saura y Geraldine Chaplin el guión de *La madriguera*. A ella la adoraba, porque según parece preparaba de buena mañana una jarra de dry martini y la ponía a enfriar en la nevera. La película levantó protestas en algunos cines españoles y según cuentan el público abandonaba la sala con indignación.

No conviene engañarse: el marco del país era hostil a la renovación. Las películas taquilleras en el 69 fueron *La ciudad no es para mí*, *La muerte tenía un precio*, *Búsqueme a esa chica*, *Nuevo en esta plaza*, *No somos de piedra* y *Las chicas con los chicos*. Por mucho que Charo López ganara el premio a actriz revelación por *El hueso* y se estrenara tardíamente *Ditirambo*, aquel fue el año de *Un, dos, tres, al escondite inglés*; *Las secretarias*; *A 45 revoluciones por minuto*; *El abominable hombre de la Costa del Sol*; *Abuelo made in Spain*; *Un adulterio decente*;

¡Chico, chica, boom!; *Cuatro noches de boda*; *Las nenas del mini-mini*, y *Estudio amueblado 2P*.

Estudio amueblado 2P era una de aquellas películas horribles que Fernán Gómez, otra gran presencia en mi vida futura, solía protagonizar entonces. Su elección de papeles era fruto de cierto desencanto. Aceptaba si tenía las fechas libres y le pagaban su caché, sin importarle nada más. Fernán Gómez en 1969 atravesaba una de las peores etapas de su carrera. Le era imposible sobrevivir como director pese a ser responsable de grandes películas como L*a vida por delante*, *El extraño viaje* y *El mundo sigue*. Estas dos últimas padecieron estrenos furtivos. Como actor y director de teatro, agotaba con comedias populares su etapa de convivencia junto a la espléndida Analía Gadé. En TVE protagonizó la grabación de una pieza corta de Beckett, que había sido el ganador del Nobel ese año, pero en el cine encadenaba una racha atroz: *¿Por qué pecamos a los cuarenta?* de Pedro Lazaga, *Las panteras se comen a los ricos* de Tito Fernández, *Carola de día, Carola de noche* de Jaime de Armiñán y *Un adulterio decente* de Rafael Gil.

Aquel 1969 se consideraría para siempre el año que cambió Hollywood. El año de *Easy*

Rider; *Walden*; *Cowboy de medianoche*; *Grupo salvaje*; *Dos hombres y un destino*; *Bob, Carol, Ted y Alice*; *Danzad, danzad, malditos*; *Valor de ley*; *La leyenda de la ciudad sin nombre*; *Rachel, Rachel*; *El restaurante de Alicia*. Algunas no se estrenarían en España por culpa de la censura, o si lo hicieron fue con un retraso sanitario, como la francesa *El ejército de las sombras* de Melville, que honraba el sacrificio de los mártires de la Resistencia antinazi, algo que aún era incómodo para el franquismo en el 69.

Hollywood vivía un lento cambio de paradigma hacia historias más oscuras, personajes crepusculares y una rabia y un descontento generacionales que se filtraban en cada trama. Hasta una película comercial del año anterior, como *El planeta de los simios*, se cerraba con una escena que ha pasado a la historia de los más brillantes y desesperanzados finales de cine. El día del tercer cumpleaños de mi hermana, el 2 de febrero, murió Boris Karloff, que se había despedido del cine el año antes con el magnífico debut de Peter Bogdanovich, *El héroe anda suelto*, otra película sobre la esencia violenta de Estados Unidos. Tres clásicos del 69 compartían un final demoledor e inédito en el cine de entretenimiento y heroísmo patriótico que facturaba Norteamérica: *Dos hombres y un destino, Grupo salvaje* y *Bonnie & Clyde* culminaban con los protagonistas acribillados a balazos por los defensores del orden. Los héroes eran ahora quienes se enfrentaban al sistema. Cuentan que aquel año las chicas pusieron de moda las boinas de Bonnie, y que las camisetas del dúo de bandidos sustituyeron a las del Che Guevara y James Dean. Es acaso la postal más clarividente de ese tiempo de cambio que puso frontalmente en cuestión los valores clásicos.

En el 69 Costa Gavras, con *Z*, le arrebató el Óscar a mejor película extranjera a Rohmer, que competía con *Mi noche con Maud*, pero lo más trágico fue perder las maravillosas películas del cine checo que habían florecido durante la primavera de apertura política. La invasión soviética forzó el exilio de directores como Miloš Forman o Ivan Passer y de escritores cercanos a aquel cine como Milan Kundera. Aunque la estela creativa de aquella escuela tuvo un influjo duradero: igual que los guionistas de *Bonnie & Clyde* soñaban con que la dirigiera Truffaut, uno puede percibir los ecos de *Los amores de una rubia* en la exitosísima *El graduado*, que se estrenó en el cine Gran Vía, y cuya canción de Simon & Garfunkel, «Mrs. Robinson», ganaría un Grammy.

Mientras en Estados Unidos se publicaba *El lamento de Portnoy* de Philip Roth y *Ada o el ardor* de Nabokov, dos libros que me estallarían en las manos en el momento justo de ignición mental, y mientras Norman Mailer ganaba el Pulitzer con *Los ejércitos de la noche*, en televisión debutaban Dick Cavett, que impulsó un giro significativo en los contenidos de las entrevistas populares, y los Muppets de Jim Henson, auténticos ídolos de mi infancia. En la BBC del 69 comenzó a emitirse el *Flying Circus* de los Monty Python, y aunque se pudo ver el documental *Royal Family*, que la reina Isabel había encargado para popularizar la decaída corona, tras la emisión se ordenó archivarlo y prohibirlo durante años. En la tele española irrumpieron Tip y Coll para sumarse al humor surrealista de Gila y al hiperrealista de Tony Leblanc, que en el 69 presentaría en la tele tres nuevos personajes que retrataban el país que me esperaba: Cristobalito Gazmoño, Pepe el Llorón y Cayetano.

4.

Mis padres recibían muchas visitas. Gente que aparecía del pueblo, parientes o conocidos que pasaban por Madrid, algún primo o incluso algún compañero de trabajo de mi padre. Pero todas las visitas empalidecían al lado de las de nuestros tíos de América. Aquel mayo llegaron para pasar unos días de vacaciones camino de las Azores, donde les gustaba descansar. Allí y en Alemania había estado mi tío Luis destinado cuando prestaba el servicio militar en las bases norteamericanas. Era primo carnal de mi madre: su padre, Eulogio, era hermano de mi abuela materna y había emigrado a California allá por los años veinte.

Su hijo Luis, Louie para su familia americana, se hizo ginecólogo y llegó a tener clínica propia. Durante los años en que mi madre aún trabajaba en la pensión de la abuela había venido a Madrid en varias ocasiones. Adoraba a mi madre y respetaba a mi padre, al que le unía además la pésima opinión que guardaban ambos de mi abuela. Pero la combinación perfecta llegó cuando mi tío conoció a la que sería su esposa en una fiesta organizada por la Casa de Cantabria en Pomona, California. Pilar también era de origen español y adoptó de casada el apellido de su marido, Solana. Era más progresista y sofisticada que mi tío: ella leía a Maya Angelou y escuchaba a Joan Baez, él era más del juego de pelota y los coches caros. Cuando años más tarde llegué a California por primera vez, me acompañó a su casa en la playa de Ventura para prestarme su Cadillac Eldorado del 72, de más de seis metros de longitud, descapotable y de un color amarillo cadmio. Me advirtió que tuviera cuidado porque era el coche favorito de los proxenetas negros. Me pareció una exageración de las suyas, pero en el primer semáforo ya se detuvo a mi lado un impactante negrazo forrado de collares de oro que se ofreció a comprármelo al precio que fuera.

Para mis hermanos mayores ver entrar en casa a mis tíos de América era algo así como si

Deborah Kerr y Cary Grant hubieran salido de la pantalla de cine para venirlos a visitar. En 1969, cuando mis tíos llegaron a Madrid, ya habían tenido al último de sus cuatro hijos. Le habían puesto de nombre David y a mi madre le gustó. Se lo comentaría a mi padre unas semanas después: «¿Qué te parece si lo llamamos David?». «Será niña», dijo mi padre, «estate segura.»

La Biblia era el libro que inspiraba los nombres para los hijos. Al anterior le habían puesto Jesús, y de seguir escalando en la jerarquía me habrían tenido que llamar Dios. *David* significa «el amado», era el descendiente de Saúl y segundo monarca del reino unificado de Israel. A David le atribuyeron la escritura del precioso Libro de los Salmos, aunque esto forma parte de la ficción histórica. A mi padre le acabó por gustar el nombre, no tanto por ser profeta del cristianismo y antecesor directo de Jesucristo, sino por la simetría de que también fuera el menor de ocho hijos. Aquel otro David era descendiente de Isaí y, como todos los menores de aquellas familias de pioneros de entonces, estaba destinado a servir como pastor, aunque a la postre le esperara un futuro bien distinto. Según los Libros de Samuel, David era rubio y de hermosos ojos, prudente y de bella presencia. Ahí lo dejo.

Durante toda mi infancia, el relato bíblico del combate entre David y el gigante Goliat provocó que cualquiera que escuchara mi nombre me preguntase indefectiblemente: «Hombre, ¿y dónde has dejado a Goliat?». Encuentro en mi talante una cierta insumisión, oficialmente declarada cuando me llamaron para hacer la mili o alguna de sus variantes cosméticas, pero también en mi posición hacia las industrias culturales, por lo que a veces me he visto haciendo películas tan pequeñas que parecían rodarse en lucha contra gigantes, sin importarme un carajo el riesgo y la desatención. Me gusta mi nombre. He sido David siempre, en casa, en el colegio, en el equipo de balonmano, en la universidad, en el trabajo, en el colegio de mis hijos, en el mercado, en el taller del coche; jamás nadie me ha llamado de otra forma que David, y eso me ha alejado de toda solemnidad, lo que estimo la mayor conquista de mi carácter.

Las apariciones de mis tíos Luis y Pilar venían siempre regadas de juguetes y libros para los chicos. Fueron ellos quienes les compraron a mis padres el primer frigorífico para la casa, un General Electric, y las primeras grabaciones en super-8 de mi familia las hicieron ellos con su tomavistas. Mi tío Luis era grande y fortachón. Mi madre contaba que un día en que uno de los niños tardaba demasiado en comer y entre protestas repetía que no quería más, Luis lo cogió en volandas, lo sacó por la ventana de nuestro segundo piso y le dijo que si no comía lo soltaba. Supongo que se terminó el plato, pero varios de mis hermanos padecen de vértigo, creo yo, por el mero hecho de oír evocar aquella broma.

Mis tíos de América ejercieron una enorme influencia sobre mi hermano mayor. Siempre le ofrecían su casa para que terminara de formarse en alguna universidad norteamericana, algo que haría tras acabar la carrera y que entonces era un sueño imposible para un chico de Estrecho. A mi hermano mayor le había empezado a despertar interés la cirugía cardiovascular, en la que se especializaría. A lo largo de 1969 desembarcaron en Madrid para asistir a un simposio los médicos más destacados del incipiente campo de los trasplantes de corazón. Capitaneados por el doctor surafricano Christiaan Barnard, dieron una charla en la capital a la que acudió mi hermano y que estaba apadrinada por un personaje imposible, el arribista doctor Martínez-Bordiú, que era yerno de Franco y a quien se le permitían todos los caprichos en una sociedad donde el nepotismo era la ley de ascenso primordial. Entre los invitados a las conferencias había una amalgama de doctores que iban desde los precursores hasta los temerarios. Por poner un ejemplo, el doctor Kahn había realizado tres trasplantes con tres supervivientes, pero el doctor Grondin, de nueve trasplantados, se había cargado a los nueve. El doctor Barnard había llevado a cabo su primer trasplante de corazón en diciembre de 1967, tras el que el receptor sobrevivió tan solo dieciocho días. Sin embargo, su segundo paciente, el doctor Philip Blaiberg, resistió con éxito durante más de quinientos días. Moriría apenas tres semanas antes de mi nacimiento. Lo que era evidente es que la medicina del corazón estaba a punto de dar un paso de gigante y eso a mi hermano le debía motivar secretamente.

La reacción de Luis y Pilar al encontrar a mi madre de nuevo embarazada fue más de asombro que otra cosa. Durante años se habían empeñado en que contratara a alguna chica joven para que la ayudara con la casa, pero en cada viaje encontraban a mi madre más enfangada de trabajo, más enredada en las rutinas de casa, más esclavizada. Mi madre le confesó a su primo que de tanto en tanto sufría mareos cuando hacía las camas o realizaba algún movimiento brusco, y él le recomendó que se mirara las vértebras cervicales, pues podría tener algún problema serio.

Mis tíos norteamericanos tenían una imagen pésima del nuevo presidente Nixon. Llegaban de Alemania, donde en octubre sería nombrado canciller el socialdemócrata Willy Brandt y se respiraban aires de reforma y apertura al Este. Nixon había cosechado dos millones de votos menos que cuando se presentó contra Kennedy en 1960, pese al aumento de casi millón y medio de personas censadas. La clave de su triunfo –aparte del voto que había sustraído a los demócratas un tercer candidato, el gobernador de Alabama George Wallace– estaba en la promesa de Nixon de acabar con la guerra de Vietnam. Pero los bombardeos habían seguido en aumento desde su toma de posesión, las muertes de soldados norteamericanos también y antes de acabar el año llegarían las matanzas de Mỹ Lai y otros desmanes que echarían por tierra la imagen de Estados

Unidos en el mundo. Se decía que si Nixon no lanzaba la bomba atómica sobre Hanói era sencillamente porque tenía miedo a la respuesta de la URSS.

–Nixon es un desequilibrado que se atiborra de pastillas calmantes y de whisky –contó mi tío–. Lo sé por un amigo que trabaja en el servicio secreto. Con Franco se lleva muy bien, porque lo conoció en el 63 en una gira secreta que hizo camuflada de viaje familiar cuando trabajaba para la Coca-Cola.

–¿En serio conoces a alguien en el servicio de seguridad de la Casa Blanca? –preguntaría alguno de mis hermanos.

–Sí. A Nixon los de seguridad le llaman Searchlight, «faro», y a su mujer Pat, Starlight, «luz de las estrellas». Hablan en clave.

–Ella me da pena, parece que el presidente le pega –opinó mi tía.

El vicepresidente de Nixon era el millonario Rockefeller, que acababa de terminar una gira por Latinoamérica, donde había sido recibido con disturbios en cada país. Esa amenaza latente del izquierdismo contagiado de Cuba llevaría a Nixon a bendecir la infiltración en los ejércitos locales hasta dar con elementos afines, declaradamente anticomunistas, a los que pondría al mando de golpes de Estado más o menos espontáneos que sacudirían el mundo. Kissinger, que despreciaba no obstante a Nixon, se había hecho con el primer puesto de responsabilidad de su larga carrera, y juntos formaron un afinado equipo mezcla de estadistas, mafiosos y reaccionarios que terminaría por obtener el triunfo en la reelección de 1972 por un margen comodísimo, siempre a lomos de un discurso anticomunista, de represión de las revueltas estudiantiles, de orden y autoritarismo. A Franco le vino muy bien que la democracia más poderosa del mundo viviera bajo una onda irradiadora de profundo conservadurismo, y también el futuro rey Juan Carlos supo trenzar alianzas en Norteamérica que más adelante lo respaldarían en su carrera, tanto en la política como en los negocios.

En su viaje por Europa, destinado a salvar su matrimonio, cosa que no lograrían, Luis le había comprado a Pilar en París un grabado de Picasso. Estaba numerado y era un retrato de su última esposa, Jacqueline, cuarenta y seis años más joven que el pintor. Mi hermano Fernando los recuerda desenvolviéndolo con cuidado para mostrarlo en casa. Sospecho que mi padre repetiría los argumentos despreciativos que todo español de bien dedicaba por entonces al pintor. Se bromeaba con que lo que pintaba podía ser obra de un niño. La animadversión provenía de la promesa de Picasso de no regresar a su país natal hasta que muriera Franco, aunque ya tres años antes de mi nacimiento había donado a la ciudad de Barcelona más de novecientas piezas para un futuro museo.

Durante un tiempo, Fernando había fantaseado con la idea de convertirse en pintor. La figura de Picasso le conquistó del todo cuando, poco después, en el dominical de *ABC* y en la *Gaceta Ilustrada*, encontró reproducciones de sus pinturas: las guardó con cierta emoción pegándolas como si fueran cromos de un álbum. Pronto convencería a nuestra madre para que le dejara ir a una exposición en el llamado Museo de Arte Moderno, donde se mostraban algunas de sus obras.

El régimen comenzaba a explotar a conciencia la industria turística nacional. Se calentaba la campaña de verano dando bombo a la noticia de que la Asociación Británica de Turismo había declarado España el destino más barato de Europa y se alcanzaron los veinte millones de turistas en 1969. Los visitantes representaban un filón y una brecha, pues de su mano entraba la divisa, pero también la obligada relajación de las costumbres. Asumido por las fuerzas católicas el desenfreno del bikini y la minifalda, la orden era ser permisivo con los de fuera y al mismo tiempo autoritario con los de dentro. El turismo ya no dejaría de ser nunca para España su bendición y su tragedia: trae dinero a las arcas, pero condena a los jóvenes preparados a marcharse a algún país donde el destino laboral sea más ambicioso que servir de camarero.

Mi padre apenas seguía los deportes. Descubrí que era del Atlético de Madrid un día en que me vio mirando un partido de ese equipo y me comentó que también era el suyo. Yo lo había escogido por consejo de un amigo del cole, que era ferviente colchonero, pero en mi casa se ignoraba el asunto. En las Olimpiadas de México del año anterior, donde no ganamos una sola medalla, el interés se había centrado en la matanza de estudiantes en la plaza Tlatelolco y en el histórico saludo Black Power de los atletas negros norteamericanos.

Mi madre tenía curiosidad por el ciclismo porque rememoraba un lejano parentesco con los hermanos Trueba, figuras de los años treinta. Vicente Trueba, «La Pulga de Torrelavega», se había coronado como el primer rey de la montaña del Tour en la cumbre del Galibier, tras dejar fuera de control de tiempo a todos sus contrincantes menos tres. A finales de junio empezaría esa gran carrera, el Tour de Francia, en la que Merckx partía como gran favorito. Lo ganaría hasta cinco veces. Tenía esa aura de los deportistas que marcan una época. El ciclista belga, apodado «el Caníbal», recibía también amenazas de muerte, y en la prensa se le consideraba un privilegiado porque ese año ganaría en torno a doce millones de pesetas, una cantidad que asombraba. Arrasaría en el Tour del 69 tras un aparatoso accidente de Ocaña, y después de destrozar a sus rivales en los Pirineos. Protagonizó una escapada en solitario durante ciento cincuenta kilómetros y acabó dejando al segundo clasificado a más de ocho minutos de distancia. Ya poco queda de la indómita soledad del ciclismo, reconvertido en espectáculo televisivo muy dependiente de la ingeniería médica. Pero en ese verano del 69 lo que le llamaría la atención a mi madre, que escuchaba los resúmenes en el transistor colocado en el alféizar de la ventana de la cocina de la casa de la sierra, era que Merckx, al terminar cada jornada, le enviaba una tarjeta postal a su esposa Claudine, maestra de profesión, contándole los esfuerzos y las peripecias de cada etapa. Mi madre valoraba esos pequeños gestos. En un país machista como España, las mujeres con capacidades, ya se llamaran Sonia Bruno o Lucía Bosé, estaban obligadas a renunciar a su carrera al casarse.

Mi madre había visto trepar los precios de las patatas hasta cifras inauditas porque la inflación estaba disparada. Por eso mi padre le enseñó el titular de prensa que anunciaba la llegada de miles de kilos al mercado de Legazpi como quien enseña que nuestras tropas han desembarcado en las playas enemigas. No se podía decir que mis padres fueran gente desinformada. La radio prendida a todas horas les ofrecía una parcial estampa de lo que sucedía. Y la lectura del diario *Pueblo* convertía a mi padre en alguien que podía sostener casi cualquier conversación que se terciara. En esos días ojeó un largo informe de Emilio Romero en el que anunciaba cuáles eran los desafíos del país para el futuro próximo: la nueva ley sindical, la clarificación de las relaciones Iglesia-Estado, el problema de la demanda de pluralismo y la sucesión del Caudillo.

De los países vecinos solo llegaban noticias preocupantes para los gobernantes españoles. En Coimbra también se habían cerrado las universidades por las movilizaciones de los estudiantes contra la dictadura de Marcelo Caetano, que había sustituido a Salazar el año anterior en la jefatura de Estado portuguesa, aunque según cuenta la leyenda local los cercanos al dictador le hacían creer que seguía al mando del país. Se decía que el régimen utilizaba, a modo de pan y toros para distraer al pueblo, las tres efes portuguesas: fado, *futebol* y Fátima.

La derrota de De Gaulle en el referéndum francés se vivió en España como un final de ciclo. La convocatoria se explicaba oficialmente como una consulta para el fortalecimiento de la organización regional del país, pero todo el mundo lo tomó como un voto concluyente sobre su propia popularidad. Aquel vecino era el gran general que preservaba las esencias autoritarias en la democracia francesa. Era tal la identificación, algo atrevida, de Franco con el militar francés, que cuando el diario *Madrid* publicó un artículo en el que instaba a De Gaulle a retirarse, algo que se leyó en España como una invitación desde las tribunas del Opus para que el Caudillo dejara paso a un sucesor, la publicación quedó suspendida durante dos meses. ¿Sería capaz de encontrar una salida honrosa como la de De Gaulle, que se retiró a su residencia en Colombey-les-Deux-Églises para escribir su libro de memorias? La juventud francesa había torcido definitivamente el brazo al general, pero la española estaba lejos de poder hacerlo. O, si lo lograba, sería de manera mucho más callada y discreta que la que había adornado de consignas el mayo anterior.

En realidad, la única grieta por la que se colaba la información veraz sobre los problemas sociales venía siempre enlazada al derrumbe de alguna vivienda o a la costumbre de saltar de espontáneo al ruedo de las plazas de toros. Eran siempre muchachos que no tenían ni un mendrugo que llevarse a la boca. Uno de ellos había muerto de una cornada en mayo, lo que produjo esa leve indignación que aflige las conciencias durante un par de días. En un país tan bien dirigido por sus próceres estas estampas de miseria absoluta caían como bofetadas de realidad.

Pero fue el 14 de abril, una fecha que siempre despertaba cierto morbo en el país, pues evocaba la proclamación de la República en 1931, cuando mis padres y mis hermanos oyeron por primera vez el nombre del que se convertiría los meses siguientes en el personaje público de mayor interés mundial. Neil Armstrong fue el elegido por la NASA para pisar la Luna en la cercana misión. Este viaje exploratorio inundaría a partir de aquel día las portadas de toda la prensa. Era imposible que mi madre, con un niño en el vientre, no pensara que el mundo al que lo traía ampliaba las dimensiones de juego. Me esperaba, según su espíritu siempre optimista, un universo por descubrir.

5.

Lo del viaje a la Luna había comenzado con la misión del Apolo 8 en diciembre. Esa Nochebuena el programa de televisión en que los astronautas leyeron desde su nave y en directo los primeros diez versículos del Génesis batió todos los récords de audiencia de la historia. La hazaña había peligrado en los meses previos tras los problemas del Apolo 10, que había dado tumbos en su recorrido de regreso. La del Apolo 10 –lanzado el 18 de mayo de 1969 y equipado por primera vez con cámara de televisión a color a bordo– era la cuarta misión tripulada del programa Apolo y debía servir como ensayo final del descenso a la Luna. El hecho de que durante la segunda y última vuelta a la Luna el módulo lunar perdiera el control, por más que se recuperara, dio alas a los escépticos, entre los que se contaba mi padre, que era una persona más pegada a los alardes caseros.

A primeros de junio llevó a todos los pequeños al desfile de la Victoria, que recorría la Castellana desde Castelar hasta Cibeles. En cuanto crecían, sus hijos dimitían de todo acto oficial. Esa España en permanente gresca consigo misma es la que me recibiría un par de meses después y la que aún me acoge cuando me siento a pensar en ella.

Sobre el 40 de mayo mi madre recogía la ropa de abrigo de los armarios, la guardaba en los altillos y recuperaba las piezas de verano: los pantalones cortos, las camisetas, los bañadores... Los mayores veían alejarse las prendas que les habían quedado pequeñas y día tras día iban descubriendo en sus hermanos menores una especie de copias de sí mismos de los años anteriores. «Este fui yo», debían de decirse al vernos a los pequeños con su jersey de lana o su bañador. El depositario final de todo aquel ropero, que incluía piezas únicas diseñadas por mi madre, petos con triángulos de colores, jerséis de punto con relieves geométricos, bufandas y gorros con borlas y flecos, era yo. Algo así como un ejemplar de fin de raza.

El hecho de que absolutamente todas las prendas que llevé encima en los primeros quince años de mi vida fueran de segunda, tercera o cuarta mano me convirtió en la persona que soy. Alguien alérgico a entrar en tiendas, a estrenar ropa, que solo disfruta de un pantalón o de unos zapatos cuando ya están gastados, cuando se convierten en una segunda piel y han perdido ese brillo plástico y esa rigidez de lo recién estrenado. Soy pues más utilitarista que *estrenista*, y eso ha regido también mi vida profesional, pues detesto la búsqueda desesperada de la originalidad y lo novedoso y si me preguntan diré que no encuentro que haya nada más arriesgado que transitar por la norma ni nada más original que lo convencional bien hecho. Todo eso se lo debo a habitar la ropa usada por mis hermanos y a caminar por los mismos senderos que otros anduvieron ya.

La casa de vacaciones se había convertido para cuando llegó el verano del 69 en un lujo asombroso. La colonia entera de viviendas crecería sin orden ni concierto, con aportaciones propias de cada vecino a la ingeniería y la arquitectura, amarrados a la uralita cancerígena y al cemento aluminoso. Justo en esos días de final de curso, y aunque era habitual escuchar hablar de derrumbes de viviendas construidas sin licencia, sucedió un escándalo mayor. Una tragedia en San Rafael, relativamente cerca de nuestro rincón en la sierra, que tuvo lugar cuando se vino abajo el techo de una sala de convenciones y murieron aplastados cincuenta y seis asistentes, la mayoría directivos y trabajadores de Supermercados Spar. Se contabilizaron más de doscientos heridos. Se dictó prisión para el promotor de aquella chapuza levantada sin licencias, un tal Jesús Gil, que debía de estar bien conectado, porque se le evitó el escarnio de la opinión pública de manera milagrosa y pronto fue amnistiado por Franco. Ya entonces los constructores eran una especie de casta intocable de nuevos ricos en una sociedad que los necesitaba. Comenzaba a existir una jungla empresarial bastante anómala de capitostes y audaces que agasajaban a sus contactos políticos para progresar y exhibían un carácter indómito para lanzarse a la aventura. El ministro Sánchez-Arjona acababa de admitir que el mayor problema que afrontaba España era la enorme cantidad de inmigración que acudía de los pueblos a las ciudades, cuando estas ciudades aún no estaban preparadas para recibirla. Producto de ese caudal humano crecían los asentamientos chabolistas, las barriadas con problemas de convivencia y de inseguridad, se hacían evidentes los déficits en servicios, transporte y salud y era preciso improvisar un plan de desarrollo. En ese territorio sin ley ni orden crecería yo, expuesto allá donde mirara a la más afrentosa falta de ética y estética en forma de edificio o infraestructura brutal, contaminante y sin armonía, en una ciudad que se expandía sin tino, a brochazos.

Aquel verano, mi hermano Juanjo se quedaría en casa por asuntos de estudios, Maxi alargaría todo lo que pudiera el no sumarse a los más pequeños y Fernando pagaría un chiste a deshoras en clase de Latín con un suspenso. Mi hermano se quedaría para asistir a los cursillos de recuperación y acompañaría a mi padre a la sierra los fines de semana. Quedarse en Madrid no era un castigo, sino un premio. El premio de la intimidad, cierta soledad, una casa en silencio, sin niños. Una cierta sensación de autonomía, de libertad. Pero no significaba librarse de mi padre, que regresaba sin avisar para retomar su trabajo.

Durante años había llevado a los tres mayores a nadar y pasar la jornada al Parque Sindical. Solo el 18 de julio de 1969 se contabilizaron treinta y dos mil bañistas en el Parque Sindical, sin sumar los que hubieran entrado, como hacía mi padre, a lo furtivo y sin carnet. Y en todo aquel puente festivo, según datos oficiales, más de cien mil personas habían disfrutado de las instalaciones. Era el lugar más icónico del esparcimiento veraniego, con aquellas instalaciones a lo largo de la ribera del río, a la altura de Puerta de Hierro, concebido por el Departamento de Educación y Descanso e inaugurado, claro está, un 18 de julio, pero del año 1955, por el propio Franco. Se sumaba así a las piscinas ya conocidas en Madrid: Stella, Los Ángeles, Atenas, Miami, El Lago.

Mi hermano Juanjo aprovechaba la bajada de ritmo en los estudios para jugar al tenis. Siempre recordaré su precisión en los deportes por aquella tarde en que me enseñó a chutar con la pelota de fútbol, explicándome con toda la paciencia del mundo cómo debía colocar el pie para obtener distintos resultados. Jugaba también al baloncesto, y cuando se fue a Estados Unidos mi hermano Carlos heredó de él sus zapatillas John Smith como quien hereda un tesoro. Del tenis recuerdo su raqueta de madera, que peregrinó por casa hasta deformarse y abarquillarse por el tiempo y los cambios de temperatura. Siempre que veo una vieja raqueta de tenis de aquellas de madera es como si una leve brisa me trajera a mi hermano mayor al recuerdo. En el verano en que llegué al mundo su ídolo incontestable era Rod Laver. Su rostro sonriente y su gesto elegante son un recuerdo que tengo grabado desde antes de saber quién era realmente, tan solo de verlo en aquellas latas para pelotas que corrían por casa. Entiendo la admiración de mi hermano por él en ese año 69 en el que Laver engrosó su impresionante palmarés con el Open de Australia, el de Estados Unidos, Roland Garros y Wimbledon.

En la exploración de la Luna puesta en marcha por los ingenieros de la NASA, como sucede hoy día con Marte, había por un lado un afán de búsqueda y de superación, pero también, por otro, esa boba fascinación por el futuro acompañada por nuestra instintiva tendencia a la depredación. Solo lo que queda fuera del alcance del hombre permanece sin corromper. La tecnología, que varias décadas después se erigiría en la reina del baile social, ya dejaba vislumbrar su ambición sin límites. Siempre he pensado, como Tolstói, que las únicas cuestiones que importan son qué debemos hacer y cómo debemos vivir, y esas no las resuelven ni la ciencia ni la tecnología. El viaje a la Luna era apenas contestado por nadie, salvo quizá por los movimientos negros de Estados Unidos, que denunciaban aquel gasto salvaje cuando las necesidades básicas de núcleos inmensos de población estaban sin cubrir. Durante aquel verano, rara era la noche en que una persona no se asomara a mirar aquella esfera luminosa y creyese ver la sombra de una vida aparte, una promesa que pronto quedaría desvelada y por lo tanto incumplida. Hasta entonces la Luna era una presencia poética y evocadora. A partir de la llegada allí del hombre, de las fotografías difusas, de las huellas borrosas, se impuso una verdad mucho más prosaica. Jean-Paul Sartre dijo que aquel viaje le arrebató a la Luna su carácter mítico y la transformó en un objeto científico. Y aunque el reguero de preguntas seguía siendo enorme, poco a poco se encontraron respuestas para casi todo, para sus cráteres, su atmósfera, su brisa, su nada. Respuestas que como siempre fueron mucho menos interesantes que las preguntas. Y la Luna, es preciso decirlo, fue haciéndose vulgar y blanca.

En una apuesta por la navegación sin límites que podría recordar a aquella era de Colón, Magallanes y Elcano, un autorizado científico de la NASA anunció que el siguiente paso sería la llegada del hombre a Marte y que se produciría el 21 de agosto de 1984. Qué precisión. Lo que querían transmitir es que nada quedaría fuera de nuestro alcance, y supongo que eso imprimía algo de optimismo en mi madre. Estaba siendo testigo de unos avances que quizá no le afectaran a ella, pero me alcanzarían a mí. Todos los padres tendemos a pensar en un mundo nuevo para nuestros hijos, pero el mundo es solo mundo y el futuro es hoy una combinación de guerras tan sucias como todas, de una pobreza insultante, de una desigualdad irrefrenable y de unas cuotas de estupidez en la escena pública que ninguna civilización inteligente que quiera seguir autodenominándose inteligente puede permitirse.

Cada día de julio se actualizaban las novedades del viaje a la Luna. A finales del mes anterior se había anunciado que el desembarco en la Luna sería televisado, lo que disparó las ventas de aparatos domésticos. Los astronautas, se contó, llevarían tres trajes. Uno de nailon para mantener la temperatura, otro especial para conservar la presión y el tercero con seis capas de aluminio y plástico para servir de coraza contra los meteoritos. Se especulaba con qué se toparían al llegar a la Luna, pues podía haber tempestades de polvo que los envolvieran. El mayor temor era que la nave se hundiera en el suelo limoso y luego fuera incapaz de despegar.

También estaba la competición del momento con los soviéticos. Eran los tiempos del mundo dividido en dos bloques. Y en los días previos al lanzamiento del Apolo 11, dos naves soviéticas estallaron en el aire, por suerte sin tripulación, cuando volaban con destino a la Luna. Fue quizá la primera y evidente señal de que el imperio comunista no lograría encabezar la carrera espacial. En 1969 Andréi Amalrik había escrito un libro llamado *¿Sobrevivirá la Unión Soviética hasta 1984?*, que pese a la prohibición en su país fue muy leído por sus compatriotas.

El 7 de julio España vivió un San Fermín festivo y brutote, con un muerto de cogida ya en los primeros compases, mientras los astronautas entraban en la cuarentena previa al lanzamiento. En Madrid, un tanto lejos de esas pretensiones interespaciales, se inauguró el teleférico, que era algo así como una misión galáctica para los locales. Madrid era entonces una ciudad de tres millones de habitantes, pendientes de que no subiera el recibo de la luz, que en el verano había pegado un arreón del cinco por ciento con el consiguiente pánico cotidiano a no llegar a fin de mes, un proyecto existencial siempre más ambicioso que llegar a la Luna.

El 16 de julio despegó la nave Apolo. Con todos pendientes del viaje, el Gobierno franquista aprovechó para deslizar una noticia de alcance. Se anunció, por sorpresa, una sesión extraordinaria de las Cortes para el día 22 de julio. El día anterior a que los astronautas se posaran en la Luna, los periódicos cedieron espacio para entrevistas con el heredero al trono, don Juan Carlos, tratando de colar la sucesión en un periodo vacacional y de distracción galáctica. El príncipe, nacido en Roma durante el exilio de su abuelo, el rey Alfonso XIII, declaraba rotundo: «Soy español y debo respetar las leyes e instituciones de mi país».

El 20 de julio el hombre llegó a la Luna, o como titularía *Pueblo*: «La luna ya no es doncella», con esa propensión que tenía Emilio Romero de cifrarlo todo en clave de penetración desvirgatoria. En los días posteriores, en plena fiebre aeroespacial, la sonda Mariner VI trajo nuevas imágenes de Marte. Había recorrido 90 millones de kilómetros para acercarse al planeta rojo. Sus hallazgos coincidirían con la publicación del álbum de imágenes recogidas por los astronautas en la Luna. Según los estudios de las rocas, quedaba probado que no había rastro de vida en ese rincón del sistema solar. «Estamos solos», anunció uno de los expertos. Una semana después, tras la cuarentena, darían su famosa rueda de prensa los astronautas. Veinte gramos de Luna serían entregados poco después por la NASA a los investigadores españoles.

Cuando le preguntaron a Von Braun, el ingeniero más dotado de su tiempo, cuál era la trascendencia de llevar un hombre a la Luna, dijo que era equivalente al momento en que una especie acuática se arrastró hasta la tierra para convertirse en el origen de la humanidad. Flotaba una sensación de nacimiento a un nuevo mundo, una sensación que se desinfló penosamente pasados los años. Eso sí, al desfile de los astronautas del 14 de agosto en Nueva York acudieron más de cuatro millones de personas.

El muy estudiado cálculo de los tiempos informativos que hizo el franquismo con el nombramiento de Juan Carlos y la llegada a la Luna funcionó. Fue el 22 de julio, mientras los españoles miraban al cielo, cuando el sucesor de Franco se decidió en el debate de tarde de unas Cortes apolilladas y espesas, sumidas en una siesta estival. Franco dejó un titular rotundo: «Nada debemos al pasado». Según las crónicas más complacientes, el príncipe se metió a los diputados en el bolsillo, quizá cuando dijo aquello de que recibía de Franco la legitimidad política surgida del 18 de julio de 1936. Algo que durante los años posteriores incomodaría sobremanera a la ciudadanía española, hasta verle, en la madrugada del golpe de Estado fallido del 23 de febrero de 1981, salir en televisión para urgir a los militares sublevados a regresar a los cuarteles. El príncipe borbón se convirtió en sucesor a título de rey con treinta y un años, siendo padre de dos niñas y de un niño que se había hecho esperar hasta el año anterior y que reinaría tras la abdicación de su predecesor con el nombre de Felipe VI. La aceptación del cargo por parte de don Juan Carlos derivó en una tortuosa relación con su padre, don Juan, que solo se apaciguó con la inercia de los años.

Mi madre atendió poco a estas noticias de la sucesión, y dado que no escuchaba más que noticias de partos, le alegró mucho saber, cómo no, que durante el alunizaje del Apolo 11 había nacido en Madrid una niña a la que le pusieron el nombre de Ana Luna. No sé si Ana Luna se hará llamar Ana o Luna, pero estoy seguro de que su destino habrá sido tan terrenal como el mío.

6.

En España las discordias políticas se habían relajado con el fin del curso universitario. La prensa no hablaba de nada que no fuera el calor, las piscinas y la diversión en las terrazas madrileñas de la llamada Costa Fleming, pese a que tuvo lugar el Consejo de Guerra a tres estudiantes de Filosofía en Madrid y se sucedieron la evacuación definitiva de los españoles de Guinea y la retrocesión de Ifni.

Era evidente que con la dictadura los restos de la España imperial se desmoronaban como lo venían haciendo desde tiempo atrás. Franco recibió en audiencia a Hasán II. La comitiva marroquí, con toda la corte del rey, ocupó cincuenta y una habitaciones de un hotel de Madrid. La bandera española se arrió el 30 de junio de 1969 en Sidi Ifni, y con ello se cedió un territorio dominado desde los tiempos de los Reyes Católicos.

En aquellos días se supo que los británicos habían ocultado la presencia de parte de su flota de guerra en Gibraltar. Dos años antes habían permitido votar una constitución especial para el Peñón, y los gibraltareños habían elegido por abrumadora mayoría seguir perteneciendo a la Corona británica. Franco ordenó en pleno verano del 69 uno de sus cierres de fronteras para provocar el colapso comercial. Dos días después, y al ver que no había respuesta británica, los trabajadores españoles fueron conminados a no acudir a sus puestos en el Peñón de manera «voluntaria». El desafío era jaleado por la prensa: «Los ingleses nerviosos por la impavidez española». Se rogaba a los españoles que acogieran en sus casas a los *llanitos* que dejaran el Peñón. Pese a las tentativas de Franco, los británicos no cedieron. Durante esa crisis del verano de 1969, una de las voces de apoyo al dictador y su política de mano dura contra los británicos fue la de Dalí. El pintor, cuya fama resultó ser su más exitosa creación, describió al dictador Franco en esos días conflictivos con un elogio superlativo.

Para él, Franco tenía la misma calma genial de Velázquez. Con calma o sin ella, el enfrentamiento duró y duró, pero Reino Unido no cedió. Aún hoy reivindicar la españolidad de Gibraltar es un socorrido recurso patriotero.

Se sucedieron las ridiculeces simbólicas. Ese año los ingleses celebraron el concurso de Miss Universo y no invitaron a la representante española, pero sí a la de Gibraltar. Y por el lado español se decidió apoyar a los católicos irlandeses que luchaban en Belfast contra la potencia británica. En esos días se empezaría a conocer en todo el mundo a la joven estudiante Bernadette Devlin, detenida tras los sucesos de Derry, que llegaría a ser elegida diputada en la Cámara de los Comunes y publicaría ese 1969 sus memorias *El precio de mi alma*. Era una figura femenina y peleona que multiplicó la recaudación de fondos en todo el mundo para enfrentarse al unionismo que encarnaba el reverendo Paisley. En ese momento en Estados Unidos comenzaba a convertirse en icónica la figura de Angela Davis, expulsada de su puesto de profesora en UCLA por sus ideas y para la que el Gobierno de Nixon fabricó una causa por terrorismo con la que logró encarcelarla.

A mi madre, como a tantas personas, le impactaría más enterarse el 22 de junio de la muerte de Judy Garland, nacida en Minnesota solo cuarenta y siete años antes bajo el nombre de Frances Ethel Gumm. Niña prodigio, unida para siempre a *El mago de Oz*, que rodó para la Metro del señor Mayer con dieciséis años. Su fallecimiento, presa de la depresión, las adicciones y la tristeza, fue el colofón definitivo de aquella historia, en la que las ilusiones quedaban truncadas por un gesto tan sencillo como el de apartar la cortina que encubre a los farsantes. Judy Garland sería parte de esa impostura, y su muerte en la bañera tras la ingesta de barbitúricos, un final adecuadísimo para la pérdida total de inocencia que caracterizaba el mundo en los meses previos a mi nacimiento. La conmoción por su fallecimiento, elevada ya a icono gay, derivó en la revuelta de Stonewall, unos disturbios que insuflaron primera fuerza al asociacionismo LGTB en la California que gobernaba Ronald Reagan.

El verano era entonces música. Música en radios, en ferias, en coches abiertos y chiringuitos. En agosto pegaban fuerte el «Sugar, Sugar» de The Archies, y el «My Cherie Amour» de Stevie Wonder. En España eran los tiempos de Fórmula V, con su exitoso álbum de debut *Busca un amor*, y de «La chevecha», cantada por Palito Ortega. Mi padre le entonaba todo el rato a mi hermana el nuevo éxito del verano, una canción que se llamaba como ella, «María Isabel», y que Los Payos convirtieron en un himno gracias al prodigioso estribillo de «Chiri-biribí poró pompón, chiri-biribí poró pompón». Mis padres no escuchaban música buscada, carecían de discos, de casetes, abrazaban la que les llegara por la radio. A mi madre le gustaba María Dolores Pradera, y cuando años después la conocí y la traté me hizo ilusión presentarlas tras un concierto. La Pradera me dijo: «Pero, David, ¿cómo puedes tener una madre tan joven?». Superaban ambas en ese momento los ochenta años, pero, en efecto, eran radiantemente jóvenes porque conservaban el humor.

En el 69 el mundo ya oscilaba alrededor de la música anglosajona. Era algo que había comenzado tras la Segunda Guerra Mundial, cuando Estados Unidos se convirtió en la superpotencia cultural y artística frente a una Europa arrasada. Su invasión por ojos y orejas alcanzaría el grado de monopolio. Igual que sucedía con las películas de más éxito que llegaban por entonces de Norteamérica, también las canciones apuntaban a esa inquietud del fin de fiesta. A los amores melancólicos o esperanzados de la canción melódica se enfrentaba ahora el desafío de canciones más afiladas, descreídas, provocadoras. Los Rolling expandieron durante el 69 su «Sympathy for the Devil».

Detengámonos en esa canción. En los coros participaba Anita Pallenberg, modelo y actriz que era en aquellos días novia de Keith Richards tras romper con Brian Jones, al que había dejado harta de sus crisis violentas. El 3 de julio, encontrarían a Jones ahogado en su piscina, apenas un mes después de que el resto de los miembros de los Rolling le comunicaran su expulsión de la banda. Al día siguiente de la muerte de su compañero, dieron un concierto masivo y gratuito en Hyde Park y lanzaron al mercado un single con «Honky Tonk Women» en la cara A y «You Can't Always Get What You Want» en la cara B. Esa segunda pieza la había compuesto Mick Jagger durante el rodaje de la película *Performance*, donde compartía protagonismo con Anita Pallenberg. Cuentan que está dedicada a ella, a ese supuesto amor frustrado. Exactamente un mes antes de que yo naciera, el 10 de agosto, Anita y Keith tuvieron a su primer hijo, al que llamaron Marlon. No pueden existir infancias más distintas que la de aquel niño y la mía. Su madre dejó de darle el pecho para poder pincharse heroína, y el propio Marlon ha confesado que su segundo nombre, Leon Sundeep, corresponde a las iniciales de L.S.D. Eso sí, su padre le compuso al nacer la canción «You Got the Silver», algo que estaba lejos de las posibilidades del mío.

Aquel 69 intenso de los Rolling terminaría el 6 de diciembre, cuando ofrecieron otro concierto gratuito, pero esta vez en la ciudad californiana de Altamont. Tuvo lugar en un circuito de coches abandonado, y le encargaron la seguridad a Los Ángeles del Infierno, una decisión que los perseguiría toda la vida. Volvieron a sumar casi 300.000 espectadores, pero si algo le faltaba al año para coronarse como el final de la fiesta eran las tres muertes accidentales entre los espectadores y el asesinato de un joven negro de dieciocho años, apuñalado por los tétricos moteros. Acababa de sonar «Under My Thumb», como una premonición terrible.

En el 69 también se lanzaron álbumes que escucharía cientos de veces en distintos periodos de mi vida y bajo distintos estados de ánimo, como el *20/20* de los Beach Boys, *Songs from a Room* de Leonard Cohen, *Many Moods* de Roy Orbison, *Led Zeppelin II* o *In a Silent Way* de Miles Davis. También el *Hot Rats* de Zappa, cuyo hijo Dweezil vino al mundo cinco días antes de mi nacimiento. Sería el año del disco de debut de Nick Drake, *Five Leaves Left*, que era el aviso impreso en los librillos de papel de liar para advertirte de que se te estaban terminando. Un álbum que contenía la canción «Time Has Told Me», cuya letra parecía hablar de lo que hablo yo en estas notas:

Time has told me
Not to ask for more
For someday our ocean
Will find its shore...

Las canciones se iban a convertir de manera definitiva en la expresión artística más popular. Su duración de tres minutos, con esa brevedad asequible y esa contundente eficacia evocativa, no encontraría rival en ninguna otra manifestación creativa. Los conciertos en directo serían una derivación natural de aquel dominio. El Festival de Woodstock, celebrado entre el 15 y el 18 de agosto de 1969, significó la apoteosis del movimiento contracultural. El documental de Michael Wadleigh, que ganaría el Óscar al año siguiente, serviría para dejar constancia de lo sucedido. Hubo algo de esplendor crepuscular en aquella orgía de música, lluvia, desorden, barro y sexo. El cartel de actuaciones es inacabable, empezando por Richie Havens y terminando por Jimi Hendrix, un favorito de mis hermanos. Allí actuaron Ravi Shankar, The Who, Crosby, Stills, Nash & Young, The Band, Joan Baez, Santana, la Creedence, Janis Joplin, Sly and the Family Stone y Joe Cocker, al que años después conocería en el bar de un hotel en Los Ángeles protestando latosamente porque alguien en la sala había encendido un cigarrillo. De fumarse toda la hierba en kilómetros a la redonda a exigir la prohibición del consumo de tabaco en público va un recorrido que explica muy bien la evolución social que me ha tocado vivir.

El 31 de julio de 1969 volvió a los escenarios Elvis Presley después de ocho años dedicado al cine. Arrancó su actuación con «Love Me Tender» y en cuatro semanas metió en el Hotel Internacional de Las Vegas a cien mil espectadores. Simon & Garfunkel se separarían después de armar un programa de televisión llamado *Songs of America*, en el que retrataron la enorme división del país y se escuchó por primera vez el que se convertiría en su tema más icónico, «Bridge Over Troubled Waters». Otra voz imprescindible en mi vida futura sería la de Caetano Veloso, que estaba en el exilio londinense por culpa de la dictadura militar de Brasil. Y aunque debutaron Elton John, Chicago, Kevin Ayers, Santana, Flying Burrito Brothers, Yes, Genesis y King Crimson, el año 1969 pasará a la historia como el último año de Los Beatles.

John Lennon y Yoko Ono se casaron en marzo de ese año en Gibraltar. Por culpa del cierre de fronteras decretado por Franco decidieron viajar de luna de miel a Montreal en lugar de a Almería, como tenían pensado. Allí volvieron a encamarse durante una semana para reivindicar la paz mundial, como habían hecho en Ámsterdam meses antes. No me quiero imaginar cómo habrían sido recibidos de haber decidido llevar a cabo ese acto en un hotel español. Lennon había sido el primero en proponer la ruptura del grupo, el 20 de septiembre, aunque mantuvieron en secreto la decisión para lanzar cuatro días después con gran éxito el disco *Abbey Road*, en el que habían trabajado durante meses. Según los expertos, la última canción original que grabaron juntos fue «I Me Mine» en enero de 1970. La separación de los Beatles daría pie durante décadas a la especulación, la culpa, el resentimiento, la toma de partido y la reconciliación. Y a hacer caja con ello, claro.

Los que escuchaban durante el 69 su canción «Don't Let Me Down», quizá incluso yo dentro del vientre de mi madre, no estábamos al corriente de que el grupo había comenzado a resquebrajarse ya tres años antes. Es una de esas canciones rotundas y poderosas, obra de Lennon pero adornada por las rítmicas de McCartney. Habla de la soledad, del final, de la esperanza imposible. Una canción en la que se echa de menos a quien no está ya a tu lado y en el fondo es la evidencia de que los componentes del grupo seguramente se echaban de menos a sí mismos ya antes de distanciarse del todo.

Al día siguiente de mi nacimiento, Janis Joplin lanzaría su nuevo disco, *I Got Dem Ol' Kozmic Blues Again Mama!* Ella iba a continuar la lista de músicos muertos a los veintisiete años que había inaugurado Brian Jones. Fue al año siguiente, en 1970, igual que Jimi Hendrix. Y en el 71 se les uniría Jim Morrison. Pero lo que cuenta es la música, y en aquellos meses finales del 69, Van Morrison grababa en Nueva York uno de mis álbumes favoritos, *Moondance*. Decían que la cara A era tan buena que nadie le daba la vuelta al disco. «And It Stoned Me», «Moondance», «Crazy Love», «Caravan» e «Into the Mystic» dejaban sin aliento para explorar la cara B. Pero de no hacerlo te perdías la canción más larga del álbum, «Brand New Day», un espiritual sobre el nuevo amanecer que utilizo habitualmente de himno personal:

> When all the dark clouds roll away
> And the sun begins to shine
> I see my freedom from across the way
> And it comes right in on time...

Pero si algo evoca el 69 es el sexo. El 69 es una composición numérica que sugiere dos figuras idénticas pero invertidas. Referida a la posición erótica, presenta a la pareja de amantes en un compromiso democrático de sexo oral. Cuando se practica esa postura se logra consumar ese ideal de igualdad que perseguimos pero nunca alcanzamos. Es una posición erótica que roza el equilibrio perfecto. El 69 es un símbolo definitorio de todos los viceversas. El 69 es la gran fiesta humana, un infinito circular de placer y estímulo; en resumen, la única utopía que sobrevive de aquel tiempo que me vio nacer. Y festejo cada día haber nacido en un año cuyo guarismo es un icono sexual. Raymond Queneau escribió la definición matemática más bella: «1+1=69».

Serge Gainsbourg y su nueva musa, Jane Birkin, habían lanzado «Je t'aime... moi non plus» en ese año. La censura española la había dejado pasar tras la revisión de la letra, pero cuando oyeron el jadeo bilingüe de ella corrieron a ordenar la retirada de todos los ejemplares de las tiendas. Esa persecución, junto a la condena por parte del Vaticano, convirtió la pieza en un éxito irrefrenable. España vivía en esa contradicción permanente: aceleraba el paso hacia la modernidad y luego pegaba un frenazo reticente y miedoso. La pareja Birkin-Gainsbourg presentó llegado el verano la canción «69 année érotique», que es casi como un mantra relajante en el que él lleva la parte recitada y a ella le basta susurrar el estribillo: «Soixante-neuf année érotique». La canción evoca el pasaje en ferry que une las islas británicas de ella con la Francia de él, gracias a los versos simples y contundentes:

> Ils s'aiment et la traversée
> durera toute une année
> Ils vaincront les maléfices
> jusqu'en soixante-dix

Les maléfices... ¿Pero cuál era el maleficio?

7.

En primer lugar estaba el maleficio político. Pongamos el ejemplo de Argentina. Las noticias de ese país hermano llegaban a Madrid con bastante alarma. Había arribado una primera ola de refugiados tras la represión de la llamada Noche de los Bastones Largos, pero no sería hasta algo después cuando recibiríamos grandes cantidades de exiliados que huían del terror militar. Mientras España estaba de vacaciones arreciaban las protestas contra la dictadura de Juan Carlos Onganía, cabeza del país desde tres años antes. El poder dictatorial se remontaba al golpe de Estado contra Perón, que había tenido lugar en 1955. Exiliado en España, Perón seguía publicando libros para amansar su nostalgia del poder, con títulos como *La hora de los pueblos*. En Madrid se reuniría incluso con el Che Guevara en una entrevista histórica en la que se comprometió a apoyar las iniciativas guerrilleras, como haría hasta su tercera presidencia del país en 1973. Su muerte sucedería un año después, tras lo cual su esposa, Isabel, tomó el relevo en el trono del poder, pero nunca dejaría de ser el personaje nuclear de la vida política argentina, que se sumió en el enfrentamiento y finalmente el terror.

En mayo de 1969 había tenido lugar el levantamiento llamado El Cordobazo, reprimido con violencia brutal. Empezaron a surgir movimientos guerrilleros como el ERP y Montoneros. En verano era normal leer que a un joven sindicalista lo habían asesinado de un tiro en la nuca o que un grupo armado revolucionario tomaba Radio Córdoba. El ejemplo argentino ilustra lo que sucedería en otros rincones del mundo, cuando muchos jóvenes adoptaron la opción guerrillera como la más eficaz para el cambio político. Se extendió la idea de influir en la política por medio de la lucha armada. El mundo daría un giro bestial del que la propia España no estuvo libre. En territorios con identidades en disputa, las organizaciones terroristas lograron captar a los jóvenes con la promesa idealizada de una utopía igualitaria que solucionaría todas las contradicciones humanas. Mis hermanos rechazaron el autoritarismo y la disciplina ciega, que eran valores de los movimientos terroristas. Les influía el recuerdo nítido de lo que había sucedido con los nuestros durante la Guerra Civil. El conflicto violento no trae más que calamidad y muerte, y el primer derrotado es quien persigue la justicia. Yo lo he tenido claro pese a nacer el último de todos. En un clima de enfrentamiento, a la gente de bien le toca en el reparto el papel de víctimas, de muertos. No hay nada que ganar ahí.

Este maleficio de la violencia política se expandía aquel verano desde Angola hasta la llamada «guerra del fútbol» entre Honduras y El Salvador. Ya se hablaba de guerra abierta en los Altos del Golán. Llevaban tres meses tronando los cañones de Israel contra sus enemigos árabes. El 21 de agosto un desequilibrado turista australiano, miembro de una secta ultracatólica, prendió fuego a la mezquita de Al Aqsa, en plena Explanada de Jerusalén, convencido de que así aceleraría la segunda venida de Jesucristo a la Tierra. Es curioso ver cómo las ramificaciones de los conflictos políticos de los tiempos de mi nacimiento alcanzan a los días actuales, más de medio siglo después, sin la resolución práctica de casi ninguno de los más graves. ¿Cómo no pensar de uno mismo que es también en gran parte consecuencia de sus contextos históricos? En los primeros días de septiembre se produciría el golpe militar en la cercana Libia. Era un país estratégicamente fundamental que albergaba bases de la OTAN y recursos petrolíferos ingentes en manos de empresas occidentales. El golpe de los oficiales se sumaba a los golpes de Estado en Ghana y Grecia. El rey Idrís fue derrocado mientras estaba de vacaciones veraniegas para traer a primera página a Muamar el Gadafi, que gobernaría el país durante los cuarenta y dos años siguientes.

Isaiah Berlin publicó *Cuatro ensayos sobre la libertad*, pero pocos jóvenes lo leyeron, preferían lecturas más viscerales. El 69 fue el año del atentado en la piazza Fontana de Milán, el año en que se conocieron Ulrike Meinhof y Andreas Baader en una protesta contra la guerra de Vietnam y el periodo más explosivo de los Panteras Negras. China se situaba al borde de la guerra con Rusia por su reclamación de la

Siberia oriental, y en el punto de máxima tensión de la Guerra Fría, Nixon visitó Bucarest, por lo que buques rusos arribaron a La Habana en respuesta. El diario soviético *Izvestia* titularía entonces, como una amenaza para cualquiera de los países satélites con tentaciones de sacudirse la influencia matriz: «Los países comunistas nunca dejarán de serlo». Hungría o Checoslovaquia sabían perfectamente lo que significaba esa amenaza, y solo ese verano hubo en la segunda más de mil cuatrocientos opositores al régimen detenidos.

Pero el más simbólico de los maleficios tenía que ver con la violencia sádica que marcaría el final de la fiesta de la juventud libre, de esa ingenuidad e inocencia enfrentada al poder. Sería lo que el guionista de *Chinatown*, Robert Towne, describiría así: «Fue el fin. Se cerró la puerta, se bajó el telón de los años sesenta y nada volvió a ser lo mismo».

Era el día 9 de agosto de 1969 cuando llegaron las primeras noticias del asesinato de la actriz Sharon Tate. Le faltaban exactamente los mismos días para dar a luz a su bebé que a mi madre para darme a luz a mí. Ese detalle hizo que se sintiera concernida, como tantos otros, por aquella tragedia que había sucedido a miles de kilómetros, en California. Tate fue apuñalada con saña dieciséis veces, y su cadáver se encontró al lado del de los amigos con los que había cenado en El Coyote y disfrutaba luego de la velada en Cielo Drive.

Los días fueron pasando y la prensa española repitió las morbosas hipótesis que empezó a manejar la prensa norteamericana. Se hablaba abiertamente de las extrañas fiestas del matrimonio Polanski, en las que se mezclaban la marihuana y los bikinis, como si fueran señales que conducían a la tragedia de manera irremediable. «¿Fue el crimen un rito hippy?», tituló *Pueblo* cuando apenas nadie sabía nada del asunto. Todos hablaban de los macabros guateques de los Polanski mientras la policía daba bandazos, interrogando a los allegados y sembrando de sospechas la ausencia de Roman Polanski de la casa, su intrigante cine, su interés por las mujeres, las drogas, los vampiros, el satanismo oculto tras su gran éxito, *La semilla del diablo*, estrenada en España en febrero de aquel 69.

En nuestra casa de la sierra, cuando caía la noche no era raro que los más pequeños tuvieran miedo y que todo el mundo durmiera con un ojo abierto. Más aún cuando otro matrimonio apareció asesinado en Memphis el día 15 de agosto. Para los adultos era imposible distanciarse de la marea que transmitían los medios. En esos días se celebró el festival de Woodstock, y el caos causado por la lluvia y el barro se relacionó con la ola criminal. El día 19 mi padre trajo el periódico a casa y en un artículo titulado «Carnavalada hippie» el periodista José María Carrascal se mofaba de la libertad sexual y culpabilizaba de la falta de valores generalizada a los asistentes y músicos invitados en Woodstock.

El precio de un pastor alemán, que era el perro favorito para servir de guardián del hogar, se disparó en Estados Unidos de los 200 dólares a los 1.500. Se expandió sin medida la seguridad privada, y llegó también el principio del fin de la costumbre de hacer autoestop para los jóvenes. Con la misma irreflexión alarmista, años después surgiría una cierta corriente de fascinación por los asesinos de la banda de Charles Manson, tras ser detenidos y juzgados. Se rindió a ellos y a otros similares psicóticos esa misma devoción penosa que los convierte en más interesantes de lo que realmente son, reciclados en personajes de ficción perversos e intrigantes que a partir de ese día nutrirán horas de cine y literatura bajo la estúpida moda, que aún dura, de la fascinación por el mal. El crimen de Sharon Tate terminaría convertido en un cromo pop sangriento con el que también se podía traficar, falsear y engordar la maquinaria de hacer dinero a través del morbo. Manson logró el que era su único objetivo: ser famoso. Pese a su mediocridad artística, la crueldad y el talento manipulador le alcanzaron para colmar su narcisismo.

El maleficio consistió en la pérdida traumática de la inocencia para muchos jóvenes que aspiraban a un mundo distinto. El miedo se adueñó del negocio. Aún hoy el crimen se sigue utilizando para fabricar mentalidades reaccionarias y primar las industrias de armas, seguridad y protección sobre los derechos civiles y las libertades. El escritor de ciencia ficción John Wyndham murió en 1969, pero dejó acuñada una frase para la historia cuando le preguntaron si preveía en el futuro una catástrofe que nos destruiría como civilización: «Nosotros somos la catástrofe».

8.

Mi padre cumplía años el día 2 de septiembre, así que siempre intentaba reunir a todos sus hijos en esa fecha. Aquel año no fue distinto. Un millón de madrileños habían regresado a la ciudad, pero mis hermanos mayores estaban en la casa de la sierra. De nuevo el despliegue de camas para dar cabida a toda la familia. En torno a la mesa, mi padre bebía a porrón su vino barato, mis hermanos hablaban con él de la actualidad política.

En la distancia de la sierra todo llegaba atenuado, incluso las noticias de Madrid. En la jornada anterior, en una sola mañana, se habían producido cuatro robos con tirones en la capital, y en un atraco en la calle Serrano habían volado tres millones en joyas. Pero sin duda el gran escándalo fue el llamado Caso Matesa. Había estallado el 23 de julio de 1969, cuando se descubrió que la rama internacional de la compañía servía para cobrar créditos a la exportación pero sin llegar a vender los telares prometidos. La Fiscalía se había visto obligada a presentar una querella por la presión general y embargó los bienes personales del empresario catalán Vilá Reyes para afrontar una responsabilidad civil cifrada en 15.000 millones de aquella época de pesetas raspadas. En ese preciso instante, el salario mínimo en España ascendía a 102 pesetas diarias y el coche Mini Morris se vendía por 80.000 pesetas, un poco más que el salario medio íntegro de dos años. Vilá Reyes, hasta entonces un honorable emprendedor, presidente del Espanyol, que en pleno revuelo acababa de vender a Marcial al Barça por quince millones de pesetas, había donado incluso diez mil dólares a la campaña de Nixon y había asistido a su jura presidencial. El escándalo se llevaría por delante a trece de los dieciocho ministros, entre ellos Manuel Fraga, que se colocó en Cervezas El Águila antes de ser enviado como embajador a Londres, pero lo que vino a confirmarles a los españoles era que la gangrena de la corrupción entre el poder empresarial y político se había instalado en el sistema sanguíneo del país por muchos años. Y ahí sigue.

No sé qué pensaría mi madre cuando, a días de darme a luz, la comisión de estudios científicos autorizó la píldora anticonceptiva en Estados Unidos, aunque en España tardaría aún una década en despenalizarse. Es evidente que aquello cambió la sexualidad de la mujer para siempre, aunque a ella le pilló, como otras muchas conquistas que emprendió el feminismo en ese tiempo, con el paso cambiado, o mejor dicho, con el paso ligado a sus propias circunstancias, limitadas al ámbito de su hogar.

Mi madre había preparado un enorme flan que temblequeó mientras mis hermanos golpeaban la mesa y le cantaban a mi padre el cumpleaños feliz. Sus cincuenta y tres años le abrumaban. Después, cuando se volcó en el ejercicio físico, en el cultivo de la huerta, en las largas excursiones de montaña, todo cambió en su carácter, pero esa es otra historia. Mi padre tendría una vida distinta a partir de los sesenta, pero cuando yo estaba a punto de nacer era un hombre achacoso, que remataba todas las comidas con un vaso de bicarbonato. Era una frase que tenía a toda hora en la boca: «Tráeme el bicarbonato».

Siempre me han gustado los días previos al equinoccio de otoño, cuando el anochecer se adelanta, la tierra seca comienza a recuperar la humedad, renace la brisa y el verano se despide. Quizá me gustan porque sé que en esa estela de fin de temporada celebro mi cumpleaños; quizá porque en esos días conocí la gloria sensual del primer amor. Vete a saber, pero entre finales de agosto y mediados de septiembre reconozco una patria, un lugar de acogida.

Cuando mis hermanos mayores dejaron la casa de la sierra, los días recuperaron la calma, ya no había que montar las camas supletorias cada noche y mi madre insistía a los chicos para que recuperaran la costumbre de leer un rato y repasar los libros de clase para que la vuelta al cole no fuera tan radical. Ella se observaba y conocía al dedillo los síntomas del final del embarazo. La alarma saltó el día 8. Notó algunas contracciones y sintió que había llegado el momento de regresar a Madrid y prepararse para ir al hospital. Dejó listas las maletas y avisó a mi padre, para que se hiciera a la idea de ponerse en camino tras el almuerzo.

Mi madre cocinó como cualquier otro día y anunció a los chicos que nos volvíamos a Madrid. Cada cual recogió sus cosas, y por si no había suficiente sensación de final de verano, las nubes se cerraron y comenzó a llover en tromba, una de esas lluvias de cambio de estación intensas y poco duraderas pero frondosas como un chaparrón tropical.

Mi padre se encargó de cerrar la casa y de meter todas las maletas y los bultos en el coche. Por *bultos* debemos entender también a todos mis hermanos. Cuando preguntó por mi madre, porque estaba ya listo para salir, alguien le dijo que se había adelantado y que iba caminando la primera parte del camino. Mi padre se enfureció.

Mi madre no quería que los baches de los dos largos kilómetros de senderos de tierra y piedras antes de alcanzar la Nacional me agitaran demasiado, así que había tomado un paraguas y se había puesto en marcha. Mi padre la alcanzó cuando ya llevaba un buen trecho recorrido bajo la lluvia. Por la ventanilla le preguntó si se había vuelto loca y la conminó a subir de inmediato al asiento que quedaba libre a su lado.

Durante años mi madre me contó aquella

bronca que precedió a mi nacimiento como si fuera una de las peleas más fieras que habían sostenido. Mi padre dando gritos por la ventanilla y ella caminando despacio bajo su paraguas, con los pies embarrados. «Que no subo, que no quiero ir en el coche con los baches.» «Que subas te he dicho, que voy despacio, no seas cabezota.» Mi madre recordaría siempre la cara de asustados de mis hermanos y mi hermana, que miraban a través de las ventanillas traseras, salpicados los cristales de agua de lluvia. En las ocasionales discusiones de mis padres, si adquirían cierta seriedad, los hijos adoptábamos un rictus tenso y silencioso, de drama soterrado en el que no nos atrevíamos a intervenir y en el que nuestra mera presencia era ya casi algo impúdico. Aquella bronca con mi padre debió de ser de aúpa para que mi madre lo incorporara a mi biografía como el precedente más destacado al parto.

Finalmente mi madre cedería y subiría al coche. Mi padre conduciría por el resto del pedregal con sumo cuidado y lentitud, pero no se dirigirían la palabra el uno al otro hasta haber bajado toda la pendiente de la Cruz Verde y dejado atrás el imponente perfil del Monasterio de El Escorial. Fue por los Altos de Galapagar cuando los paró un policía motorizado. No era raro que nos detuvieran en la carretera y le afearan a mi padre que tumbara el respaldo del asiento trasero para que los chicos se sentaran espalda contra espalda. Él alegaba que no había sitio para tantos en la furgoneta Citroën AK 400, el modelo que condujo durante años, y cuando ya no quedaba más remedio tiraba de su carnet de expolicía. «Soy del cuerpo», le decía al agente, y con eso más o menos se esquivaba la multa. Pero esta vez no hubo suerte. El guardia se hizo el gallito y mi padre no alcanzó a ablandarlo con sus explicaciones. Redactó la multa en su libretita y se la tendió por la ventanilla con cierta chulería. Mi padre, sin mediar palabra, presa de la impotencia y la furia, la rompió en pedazos y la tiró allí mismo. Quiero pensar que en ese gesto de insumisión y protesta algo pintaba su último hijo. Quizá llegué para darles a los dos, a mi padre y a mi madre, una brizna más de determinación. En el tiempo que convivimos se hicieron más firmes, no se dejaron avasallar, pese a no ser personas que buscaran conflictos. Poco a poco, los vi perseguir una libertad individual, al margen de esa esclavitud impuesta por la peripecia del país o la institución de la pareja. A ambos, creo, les brotó en sus años finales una independencia personal encomiable. Es un poco la estampa de toda la sociedad que me recibió, que comenzaba, lentamente, a sacudirse la sumisión callada. Se abría otro horizonte.

Aún durmieron relativamente tranquilos, ya en casa, la noche del día 8, mientras yo tomaba la decisión de abrirme camino hacia esta vida. El día 9, antes de irse a acostar, mi madre rompió aguas y mis hermanos mayores quedaron a cargo de todos los demás. El más pequeño, con quince meses recién cumplidos, comía aún en una trona alta que se acercaba a la mesa. Durmieron todos inquietos en la casa silenciosa. Al poco de despertar, mi padre volvió para llevarlos a conocer a su nuevo hermanito. Desayunaron de pie, como era la costumbre, alineados frente a la encimera de la cocina –los vasos de leche, los colacaos, mi padre con sus corruscos de pan duro mojados en el café– y subieron a la furgoneta para ir a la maternidad del hospital Gómez Ulla.

El parto fue tranquilo. Dicen que antes de morir, el padre de Joyce solo acertó a decirle: «Tú naciste a las seis de la mañana». Eso mismo podría haber dicho mi padre, porque yo nací a esa hora muy de comienzo de faena.

Conservo el gusto por madrugar y arrancar el día con entusiasmo. En ocasiones es de tal calibre mi alegría por ver amanecer que he tenido parejas que me han rogado, al poco de iniciar la relación, que no sea tan ruidoso y festivo por las mañanas. Al menos hasta que ellas se hayan despertado del todo con una dosis de café y estén lo bastante espabiladas para escuchar mis cánticos, mis sueños rememorados, mis planes y mis proyectos para el día. Despertar feliz es la herencia de aquel parto, y algo debió de tener aquel primer despertar plácido fuera del vientre de mi madre para que ya siempre tuvieran ese carácter mis amaneceres.

Dotamos al nacimiento de una trascendencia brutal, pero he de decir que cuando cogí en brazos a mis hijos tras el parto y asistí al momento en que les limpiaban los conductos respiratorios y les practicaban el primer análisis de sangre con una pequeña punción en el talón, la sensación que tuve fue de animalidad. La certeza de que no éramos seres trascendentes, y mucho menos inmortales, sino animalillos indefensos, puros mamíferos de una especie quizá un poco menos peluda y autosuficiente que la media, pero igual de obstinada por vivir. La misma que se me reveló, como he contado en alguna novela, al ver morir a mi padre, curiosamente en el mismo hospital en el que yo nací, mientras le cogía de la mano: que no, que no había trascendencia, sino una mortalidad carnal y brutal, que era un instante de abandono en el que nuestro cuerpo definitivamente pasaba de la dinámica asombrosa de sus órganos en funcionamiento a la profunda inactividad de lo inerte, de lo ausente.

Yo nací el más rubio de mis hermanos, y sería rubio durante años. En el colegio colocado entre los rubios, en la calle mirado con esa alegría que dan los rubios, especialmente los de pelo fino y lacio, a los que es casi imposible no acariciarles el cabello al verlos pasar. Fui de piel muy blanca, como lo habían sido mis padres, especialmente él, a quien de niño en el pueblo las chicas le llamaban «barro blanco». Nací con bastante pelo, que mi madre ordenaría con el peine mojado levemente en colonia hasta dejarme una ondita elegante. Era algo que había perfeccionado a lo largo de los años con el flequillo de todos mis hermanos. A todos nos fotografiaba en un estudio cercano al cumplir los nueve meses para tenernos juntos y enmarcados en el salón a la misma edad. Yo repetiría esa foto con mis hijos, por divertirme y por divertirla a ella, que acudía feliz a arreglarles el pelo con aquella ondita ya pasada de moda. El resto de sus nietos, mis sobrinos, me ayudaron para ver a mis hermanos, sus padres, a esa edad que tenían antes de que yo los conociera, porque ese es otro de nuestros misterios animalescos, cómo es posible que nos parezcamos tanto a nuestros padres.

Durante años he reconocido a mi padre en el espejo, por las mañanas. Me he parecido a él en lo físico. También a mí el color de ojos me vira de castaño a verde según la luz y la hora del día. También a mí el pelo se me volvió blanco temprano, aunque no tanto como a él, que se casó canoso absoluto. Y me he parecido a mi madre en infinidad de rasgos de carácter, en su forma de ser, en su antihisteria, su calma. Cuando me pusieron junto a su regazo y la olisqueé desde fuera del vientre, reconociéndola, cuando oí su voz tantas veces oída tras la oquedad amortiguadora, cuando oí a mi padre y a mis hermanos, tuve la sensación de estar donde debía estar. Y por eso todas las cosas se ordenaron y pasaron a integrarse en mí. Y ahora escribo sobre esa parte tan importante de lo que soy y que le debo al tiempo de la llegada, en un ejercicio retórico, pero también de justicia, o al menos eso querría que fuera. Creo que siempre he detestado ese subgénero tan habitual en el teatro, la literatura y el cine que es el psicodrama familiar: ese despliegue de rencores y agravios larvados que se expulsan como un vómito en reuniones y velatorios, porque jamás lo viví entre los míos y quizá por ello me resulta artificioso y fabricado.

En una ocasión leí algo que escribió Einstein en un interesante alegato contra el gregarismo: «Nunca he pertenecido de todo corazón ni a un país ni a un Estado, ni a un círculo de amigos, ni siquiera a mi propia familia. Mis circunstancias personales y externas desempeñaron solo un papel secundario en mis emociones y pensamientos. El conocer este mundo por medio del pensamiento, dejando aparte todo lo subjetivo, se convirtió, en parte consciente y en parte inconscientemente, en mi suprema ambición. Cuando era todavía un joven precoz me di cuenta con toda claridad de la futilidad de las esperanzas y aspiraciones que la mayoría de los hombres persiguen durante su vida. Bienestar y felicidad nunca me parecieron un fin absoluto. Incluso me siento inclinado a comparar tales fines morales con las ambiciones de un cerdo».

Yo no alcanzo ese tino con el que explica lo que explica, con una crudeza pero una verdad que arrasaría con los biempensantes de hoy, esos patriotas desvencijados que nos rodean. Yo sí me reconozco hijo de un contexto, heredero de un grupo humano, pero he luchado a brazo partido por ser autónomo y sobre todo por no dejarme seducir por esas aspiraciones que Einstein comparaba con las de un cerdo de granja, esforzándome, en cambio, por pensar con curiosidad permanente más allá de la infelicidad momentánea que eso pueda acarrear.

Era miércoles, aquel 10 de septiembre, y a los pocos días nos haríamos la única foto en la que estamos mis padres y los ocho hermanos juntos. La única foto que tenemos de la familia al completo. Cuesta imaginarlo en un mundo hoy repleto de fotos. Pero lo más reseñable fue la previsión de mi horóscopo en Virgo para esa jornada que me vio nacer según el diario *Pueblo*: «Es posible que el trabajo que realiza actualmente no esté de acuerdo con sus cualidades e inquietudes. No se acomode. Busque un empleo o actividad que le satisfaga realmente».

¿Qué más puedo añadir? En ello estoy.

Nuevos cuadernos Anagrama

70. **Sara Berbel Sánchez y Bernat Castany Prado**, Obedecedario patriarcal. Estrategias para la desobediencia
71. **Margarita García Robayo**, El afuera
72. **Lluís Calvo**, El segrest de la política. Per una democràcia més enllà dels partits tradicionals
73. **Daniel Rico**, ¿Quién teme a Francisco Franco? Memoria, patrimonio, democracia
74. **Mariano Peyrou**, Free jazz. La música más negra del mundo
75. **Mercè Ibarz**, No pensis, mira. Davant de l'obra d'art
76. **Mercè Ibarz**, No pienses, mira. Ante la obra de arte
77. **Louisa Yousfi**, Seguir siendo bárbaro
78. **Leila Guerriero**, La dificultad del fantasma. Truman Capote en la Costa Brava
79. **Michel Nieva**, Ciencia ficción capitalista. Cómo los multimillonarios nos salvarán del fin del mundo
80. **Jon Lee Anderson**, Aventuras de un joven vagabundo por los muelles
81. **Patrick Boucheron**, El tiempo que nos queda
82. **Santiago Gerchunoff**, Un detalle siniestro en el uso de la palabra fascismo
83. **Andrea Rizzi**, La era de la revancha
84. **Vicente Monroy**, Breve historia de la oscuridad. Una defensa de las salas de cine en la era del *streaming*

85. **Josefa Sánchez Contreras**, Despojos racistas. Hacia un ecologismo anticolonial
86. **Gabriel Ventura**, El millor dels mons impossibles. Un viatge al multivers del *reality shifting*
87. **Gabriel Ventura**, El mejor de los mundos imposibles. Un viaje al multiverso del *reality shifting*
88. **Marta Cerdà**, Sobreviure al disseny. Context, memòria i temps
89. **Marta Cerdà**, Sobrevivir al diseño. Contexto, memoria y tiempo
90. **Xan López**, El fin de la paciencia. Un ensayo sobre política climática
91. **Isabella Hammad**, Reconocer al extraño. Sobre Palestina y el relato
92. **David López Canales**, ¿Una rayita? Por qué en España se consume tanta cocaína y no se habla de ello
93. **Jaume Subirana**, Literatura, llengua i lloc. Termodinàmica aplicada
94. **Jaume Subirana**, Literatura, lengua y lugar. Termodinámica aplicada
95. **Leila Méndez**, Disparos contados. Fotografiar con actitud analógica en la era de la inmediatez
96. **Julian Barnes**, Mis cambios de opinión
97. **David Trueba**, Mi 69
98. **Lea Ypi**, Fronteras de clase. Desigualdad, migración y ciudadanía en el Estado capitalista

Impreso en Talleres Gráficos
LIBERDÚPLEX, S. L. U.,
ctra. BV 2249, km 7,4 - Polígono Torrentfondo
08791 Sant Llorenç d'Hortons